Käthe Recheis

DIE KINDER DER PRÄRIE
UND ANDERE INDIANERGESCHICHTEN

Käthe Recheis

DIE KINDER DER PRÄRIE UND ANDERE INDIANERGESCHICHTEN

mit Bildern von
Franz Hoffmann und Alicia Sancha

KERLE

Freiburg · Wien · Basel

Diese Sonderausgabe enthält folgende drei Indianerbücher:
Sinopah und das Pony, mit Illustrationen von Franz Hoffmann
Der kleine Biber und seine Freunde, mit Illustrationen von Franz Hoffmann
Kleiner Wolf und Wahki Waschbär, mit Illustrationen von Alicia Sancha

Die Schreibweise entspricht der neuen Rechtschreibung

Gedruckt auf umweltfreundlichem,
chlorfrei gebleichtem Papier

SONDERAUSGABE
© der Originalausgaben:
„Sinopah und das Pony":
KeRLE im Verlag Herder Freiburg, Wien, 1995 (1993)
„Der kleine Biber und seine Freunde":
KeRLE im Verlag Freiburg, Wien 1998 (1995)
„Kleiner Wolf und Wahki Waschbär":
KeRLE im Verlag Herder, Freiburg, Wien 1998 (1990)
© KeRLE im Verlag Herder Freiburg, Wien 2000
Satz: Barbara Herrmann, Freiburg
Druck und Bindung: Freiburger Graphische Betriebe 2000
ISBN 3-451-70313-0

SINOPAH UND DAS PONY

Das Pony auf der Wiese

Das weiße scheckige Indianerpony weidete auf der Waldwiese. Der Wind strich über das Gras, es sah aus, als liefen kleine Schatten über die Halme und Blüten. Schatten oder kleine Tiere? Kleine seltsame Tiere?

Soyi sagte immer: „Es sind die Wolkentiere. Man darf nicht näher gehen. Man darf nicht nach ihnen greifen, sonst sind sie fort. Man darf ihnen nur zusehen."

Das scheckige Pony stand mitten unter den Wolkentieren, senkte den Kopf und tauchte die Nüstern ins Gras.

Sinopah wusste, es war das Pony, auf das er immer gewartet hatte. Er hatte von ihm geträumt, wie oft hatte er von ihm geträumt!

Abends im Zelt seiner Eltern, wenn das Feuer unter dem Kessel brannte und die Mutter das Essen austeilte, hatte er das Pony gesehen. Plötzlich war es durch die Zeltwände gesprungen. Mein Pony ist da, dachte er dann, aber niemand sieht es. Nur ich kann es sehen.

Und lief Sinopah über die Wiesen, so lief das Pony neben ihm, lag er auf einem Hügel, so kam es zu ihm. Sah er auf die Wolken am Himmel, so trabte es dort oben.

Aber Sinopahs Pony hatte Soyis kleinen seltsamen Tieren auf den Wiesen geglichen. Die Schwester sagte: „Man darf nicht nach ihnen greifen." Auch nach Sinopahs Pony hatte man nicht greifen dürfen. Nach diesem Pony aber durfte man greifen. Man könnte das Gesicht an seine Mähne legen und die Haare würden Sinopah in der Nase kitzeln. Es war kein Traumpferd. Es war ein wirkliches Pferd, ein weißes scheckiges Pony, ein Pferd wie alle Pferde im Lager der Indianer.

Und doch war es anders als sie alle. Sinopah hätte nicht sagen können, worin der Unterschied bestand. Das Pony auf der Wiese hatte kräftige Beine und einen starken Nacken, eine dicke Mähne und einen langen Schweif. Alle Indianerpferde hatten kräftige Beine und starke Nacken, dicke Mähnen und lange Schweife. Aber Sinopah wusste: Keiner im Lager besitzt ein Pferd, das diesem hier gleicht, meinem Pony.

Das Fell war weiß, mit braunen Flecken, dunkelbraunen und lichtbraunen. Sinopah ging einen Schritt näher. Das Pferd warf den Kopf hoch und stellte die Ohren auf.

Wie sanft und freundlich die Augen des Ponys waren! Und der weiße Schweif hing bis auf den Boden. Wie gut musste es sein, die Hände in die dicke weiße Mähne zu graben. „Pony", rief Sinopah leise, „Pony, mein Pony!"

Die Wiese war rings von hohen Bäumen umschlossen. In den Büschen flöteten und zirpten Vögel. Scheue Zaunkönige schlüpften durch die dicht belaubten Zweige. Sinopah war noch niemals hier gewesen.

Vor zwei Tagen erst hatten die Indianer ihr Zeltdorf aufgebaut. Sie waren lange durch die Prärie gewandert auf der Suche nach einem neuen Sommerlagerplatz. Jedes Jahr im Frühling wanderten Sinopahs Eltern und andere Familien der Schwarzfußindianer durch die Prärie. Sie brachen die Zelte ab, banden die Zeltstangen an ihre Pferde und ließen sie hinten nachschleifen. Zwischen den Stangen flochten sie ein Weidengeflecht und packten alles darauf, was sie besaßen.

Sie zogen über weite Wiesen und über grasbewachsene Hügel, vorbei an kleinen Wäldern, an Flüssen und Bächen. Falke und Habicht kreisten auf dem blauen großen Himmel der Prärie. Auf den Wiesen weideten Büffel, Antilopen und Hirsche.

Sinopah liebte den Lagerplatz, den sich die Indianer für diesen Sommer gewählt hatten. Er lag zwischen zwei Hügeln an einem Bach. Sinopah brauchte nicht weit weg zu laufen, um geheime Winkel am dicht bewachsenen Ufer zu finden, wo keiner seiner Freunde ihn entdecken konnte, nicht einmal Soyi, die Schwester.

Es war nun zwar keineswegs so, dass Sinopah nicht mit seiner Schwester beisammen sein wollte. Sie spielten immer miteinander. Aber manchmal wollte Sinopah allein sein. Dann kam sein Traumpferd zu ihm.

Soyi konnte nicht verstehen, warum Sinopah immer davon redete. Wenn sie Lust hatte, hob sie der Vater auf eines seiner Pferde. Sinopah und Soyi durften reiten, so oft sie wollten. Und Soyi hatte ihre Puppen und den kleinen Bruder. Warum hätte sie von einem Pferd träumen sollen, das es nicht gab?

Sinopah hatte aber immer gewusst, dass sein Pony eines Tages zu ihm kommen würde, wenn er geduldig wartete. Und da stand es nun auf der Waldwiese.

Sinopah war froh, dass er in den Wald gelaufen war. Eigentlich hatte er nicht hineingehen wollen. Ihm war eine Geschichte eingefallen, die Ponoka, einer der Männer des Stammes, auf der Wanderung erzählt hatte. Sie waren damals an einem Wald vorübergezogen, der genauso ausgesehen hatte wie dieser, und Ponoka hatte gesagt: „Hier wollten mich Feinde gefangen nehmen und fortführen, als ich so alt war wie du, Sinopah."

Beinahe wäre Sinopah wegen dieser Geschichte nicht allein in den Wald gegangen. Wie gut war es, dass er es trotzdem getan hatte. Er hatte endlich sein Pony gefunden!

Sinopah wollte schon auf das kleine Pferd zulaufen, als er im Schatten der Bäume einen fremden Mann entdeckte.

Sinopah erschrak.

Es war ein alter Mann mit grauem, strähnigem Haar. Von dem gebeugten Rücken hing eine Decke aus Büffelleder auf die Erde. Sinopah konnte den alten Mann nicht genau sehen, die Schatten am Waldrand waren zu dunkel. Wenn es ein – Feind war! Ein Feind, der herbeischlich, um Sinopah gefangen zu nehmen! Soyi war nicht hier, der Vater und die Mutter und die Spielgefährten waren weit fort. Sinopah mochte noch so laut schreien, niemand würde ihn hören.

Das Pferd wieherte freudig. Es trabte zu dem alten Mann, und der alte Mann fasste es an der Mähne, sah Sinopah an und kam näher.

Sinopah wich zurück und stolperte fast über eine Wurzel. Er hörte den alten Mann rufen. Der Fremde wollte ihn gefangen nehmen und fortführen!

Sinopah floh. Die Ranken am Boden griffen nach seinen Füßen, als wollten sie ihn festhalten. In den Büschen flogen die Vögel auf. Eichhörnchen keckerten zornig. Zwei Bärenkinder flüchteten auf einen Baum.

Da war der Wald schon zu Ende. Das Sonnenlicht blendete Sinopah. Er sprang ins hohe Gras und lief und lief.

Das Zeltdorf der Kinder

Die Kinder hatten sich ihr eigenes kleines Dorf nahe dem Lager der Erwachsenen gebaut. Es sah genauso aus wie das der Eltern, nur war alles viel kleiner. In der Mitte war ein freier Platz. Rundherum standen die Kinderzelte.

Soyi und Sinopah hatten ihr Zelt neben einem Weidenbusch aufgestellt. Manchmal spielten Soyi und Sinopah, es sei Nacht. Sie schlüpften in ihr Zelt, ließen die Decke vor dem Eingang niederfallen, krochen unter die weichen Kaninchenfelle und schlossen die Augen. Der Bach gluckste. Die Stimmen der Tagvögel klangen auf einmal wie die Rufe der Vögel, die nachts über die Prärie fliegen. Irgendeiner der Jungen schlich als Wolf durch das Lager und heulte so traurig wie ein wirklicher.

Die Kinder dachten sich stets neue Spiele aus. Sie fanden, dass es nirgendwo anders so schön war wie in ihrem kleinen Dorf.

Sinopah musste über einen flachen lang gestreckten Grashügel laufen, bevor er das Lager der Kinder erreichte. Seine Schwester kniete vor dem Zelt auf dem Boden.

„Ich habe mein Pony gefunden!", rief Sinopah noch ganz atemlos.

„Ach, du und dein Pony!", sagte Soyi und schaute nicht einmal auf.

„Aber es ist ein richtiges Pferd, ein lebendiges! Es

hat ein weißes Fell mit braunen Flecken. Es hat einen langen Schweif. Es hat eine dicke Mähne."

„Große Feder war auf der Büffeljagd, sieh nur!", sagte Soyi stolz.

Sie saß mitten unter den Kleinen Leuten, ihrer Puppenfamilie. Der Vater hatte die Puppen aus Holz geschnitzt. Soyi und die Mutter hatten die Lederkleider und das Puppenzelt genäht. Der Vater der Kleinen Leute hieß Große Feder, wie Soyis und Sinopahs Vater. Er saß auf seinem Pferd, einem Stecken mit Büscheln aus Pferdehaaren als Schweif und Mähne. Auf dem Rücken des Puppenvaters hing ein kleiner Bogen. Sein Packpferd, auch ein Stecken, trug ein kleines Lederbündel. Vor dem Puppenzelt standen die Mutter und die Kinder und erwarteten den Vater.

„Großer Jäger", ließ Soyi die Mutter der Kleinen Leute den Vater begrüßen.

Sinopah hockte sich auf die Fersen nieder. Jetzt, bei seinen Spielgefährten, konnte er nicht mehr verstehen, warum er sich vor dem alten fremden Mann gefürchtet hatte.

Soyi hob für die Mutter der Kleinen Leute das Lederbündel vom Packpferd.

„Ich werde die Haut des Büffels gerben", sagte Soyi für die Mutter der Kleinen Leute. „Ich werde einen Büffelfellmantel für Große Feder daraus nähen."

Sinopah schaute in den blauen Himmel hinauf. Die Schwester wollte nichts von seinem Pony hören. Sollte er zur Mutter gehen? Aber er hatte schon so oft von seinem Pony geredet, vielleicht wollte die Mutter ihm auch nicht zuhören. Ob Soyi die Kleinen Leute vergessen würde, wenn er von dem alten Mann erzählte?

Er beugte sich vor. „Soyi", sagte er, „auf einer Wiese, nicht weit weg, in einem Wald, ganz nahe, ist ein alter Mann ..." Und da schwieg er. Er konnte nicht eingestehen, dass er vor einem alten Mann davongelaufen war. Die anderen Jungen hatten sicher längst Ponokas Geschichte vom Wald und den Feinden vergessen und würden ihn auslachen. Doch Soyi hatte bereits die Mutter der Kleinen Leute fortgelegt und schaute ihn erwartungsvoll an. Iniwa, ihre Freundin, war vor ihnen stehen geblieben. Sinopah holte tief Atem und fuhr fort, leise und geheimnisvoll: „Er ist böse, ihr solltet wissen, wie böse er ist!"

„Oh!", sagten die Schwester und Iniwa. Sinopah wurde mutiger. Er sagte noch einmal, jetzt sehr laut, damit alle es hören konnten: „Auf einer Wiese, nicht weit weg, in einem Wald, ganz nahe, ist ein alter Mann. Und böse ist er ..."

Schon saß ein Kreis Kinder um Sinopah. Soyis Freundinnen waren alle gekommen und hielten sich die Hände vor die Münder und taten so, als hätten sie Angst.

Sinopah fühlte, wie seine Bedeutung wuchs. War nicht der alte Mann durch die Luft geflogen? Hatte sich nicht die Büffelhautdecke wie Flügel gebläht? Und die Augen? Die Augen hatten Blitze geschleudert. Seine Stimme war wie der Donner gewesen.

Hatten nicht alle Kinder diesen Donner gehört? Bei klarem Himmel? Als keine Wolke zu sehen war?

Ja, Iniwa hatte den Donner am heißen Mittag gehört und Nisko, ihr Bruder, auch. Alle Kinder hatten es gehört.

Das Pony war flinker als eine Antilope gewesen. Wenn es Sinopah recht bedachte, so hatte es beim Springen die Erde nicht mit den Hufen berührt.

Sinopah war fortgelaufen. Ja. Aber wer würde vor einem Geistermann und einem Geisterpferd nicht davonlaufen!

Die Mädchen nickten.

Sinopah war zufrieden mit der Wirkung seiner Geschichte. Seine Freunde lachten ihn nicht aus. Und vielleicht eine Stunde lang spielten alle Kinder im Kinderlager, dass sie Angst vor dem Geistermann hatten.

Flog ein grauer Häher in den Bäumen auf und schlug kreischend mit den Flügeln, versteckten sich alle in den Zelten.

Aber bald hatten sie Sinopahs Geschichte vergessen.

Nur Sinopah konnte das Pony auf der Wiese nicht vergessen. Es war kein Geisterpferd mehr, es war wieder das scheckige Pony, sein Pferd.

Er lag neben dem Bach. Die Wellen schlugen leise ans Ufer. Vögel flatterten im Gebüsch und sangen.

Sinopah schloss die Augen.

Er saß auf seinem Pony, er grub die Hände in die weiße Mähne. Das Pony trabte über die Blumenwiese, durch den Wald, über die Grashügel, weit in die Prärie hinein, in das Land der Indianer.

Abend im Indianerlager

Bevor es Abend wurde, verließen die Kinder ihre Zelte.

Das Lager der Eltern glich ihrem kleinen, nur war alles viel größer. Es war ja auch nicht für Kinder und Kleine Leute bestimmt, sondern für Erwachsene.

Hohe spitze Zelte aus festen Büffelhäuten umschlossen im Kreis einen freien Platz, auf dem man tanzen konnte oder ein Feuer anzünden, wenn ein Fest gefeiert wurde. Jede Familie hatte ihr Zelt verziert, Sonne, Mond, Büffel oder andere Tiere darauf gemalt, farbige Kreise und Muster. Es sah sehr hübsch aus: die Bäume am Bach, die weißen oder gelbbraunen Zelte, die grünen Hügel und die Indianer in ihren bunt bestickten und mit Fransen verzierten Kleidern.

Sinopah lief zu seinem Vater Große Feder und Soyi ging ins Zelt. Die Mutter sagte: „Komm, wir müssen Holz sammeln!"

Soyi fasste den kleinen Bruder an der Hand und folgte der Mutter. Der kleine Bruder hatte noch keinen Namen. Er war noch zu klein. Soyi und Sinopah

riefen ihn „Kleiner Bruder". Vater und Mutter aber sagten „Kleiner Sohn". Eines Tages würde der Vater oder die Mutter oder einer der Onkel oder eine der Tanten einen schönen Namen für den kleinen Bruder ausdenken. Aber einstweilen genügte es, ihn Kleiner Bruder zu rufen.

Soyi hatte ihren Namen sehr bald erhalten. Er hieß „Sie-läuft-ins-Wasser". Soyi schwamm und tauchte besser als alle anderen Mädchen, sogar besser als die großen Jungen, die schon mit ihren Vätern auf die Jagd gehen durften. Sinopahs Name bedeutete „Kleiner Fuchs".

Im Gebüsch am Bach fanden Soyi und die Mutter Reisig und dürres Holz. Die Mutter trug die schweren dicken Äste zusammen und Soyi die leichten dünnen Zweige. Sie banden zwei Bündel, ein großes und ein kleines. Die Mutter schlang ihren Tragriemen um ihr großes Bündel, und Soyi schlang ihren Tragriemen um ihr kleines Bündel. Sie hob das Bündel auf und legte ihren kleinen Tragriemen um die Stirn wie die Mutter ihren großen.

Große Feder und Sinopah aber ritten auf die Weide, um nach den Pferden des Lagers zu sehen. „Dort, Sohn, ist ein Hirsch vorübergezogen", erklärte Große Feder. „Siehst du die Fährte? Ein Präriehase versteckt sich in diesen Büschen ..." Sinopah hörte gut zu und schaute aufmerksam umher. Er wollte, wenn er groß war, auch ein so guter Jäger wie der Vater werden.

Die Pferde weideten friedlich. Kein Wolf störte sie in ihrer Ruhe. Sie hatten fettes grünes Gras zu fressen und Laub von den Zweigen und konnten das klare Wasser des Baches trinken.

Sinopah und sein Vater ritten wieder zurück. Die Sonne ging unter. Große Feder hielt das Pferd an. „Mein Kleiner Fuchs", sagte er zu Sinopah, „wir wollen still sein und an das Große Geheimnis denken."

Sinopah liebte die Sonnenuntergänge. Riesig groß war der Himmel über der Prärie, dem Land der Indianer. Flache Hügel und weite Wiesen waren endlos, man konnte nicht sehen, wo die Erde aufhörte und der Himmel begann.

Ging die Sonne unter, so war es, als ob ein großes Feuer am Himmel angezündet würde. Der riesige Himmel über dem Indianerland brannte, rot und flammend. Sinopah sprach kein Wort. „Großes Geheimnis", dachte er.

Großes Geheimnis, so nannten die Indianer den Schöpfer der Welt. Und sie dachten sehr oft an ihn. Sie waren dankbar, dass er ihnen das Leben geschenkt hatte, dass er ihnen Wasser zum Trinken gab und Fleisch zum Essen, dass er Gras und Blumen wachsen und die Sonne scheinen ließ und Regen auf das Land goss.

Der Abend war warm und windstill. Vor den Zelten brannten die Feuer. Auch die Mutter hatte ein Feuer angezündet und den Kessel darüber gehängt. Die Fleischsuppe dampfte. Der Vater, die Mutter, Soyi, Sinopah und Kleiner Bruder aßen, bis sie satt waren.

Noch schienen die Sterne nicht. Aber schon war der Himmel fast schwarz. Rote und gelbe Flammen spielten vor jedem der nun dunkel gewordenen Zelte. Eine Eule schrie. Nachtschwalben riefen in den Bäumen. Kleiner Bruder schlief, den Kopf im Schoß der Mutter. Der Vater saß mit gekreuzten Beinen neben der Mutter.

Alte Männer schlugen leise auf ihre Trommeln und sangen dazu.

Sinopah schaute ins Feuer. Als er aufblickte, standen die ersten Sterne am Himmel. Er dachte an das Pony. Die Sterne schienen auch auf die Wiese – so wie hier auf die Zelte. Vielleicht sprang das Pony im Sternenlicht auf der Wiese umher.

Die Mutter trug den schlafenden kleinen Bruder ins Zelt. Sinopah und Soyi legten sich auf ihr Lager aus Weidenzweigen und duftenden Zedernbüscheln und deckten sich mit Kaninchenfellen zu.

„Mutter!", sagte Sinopah.

Die Mutter kam und beugte sich über ihn.

„Ich habe mein Pony gefunden", flüsterte Sinopah. „Ich lief über einen Hügel und durch einen Wald. Da war es auf einer Wiese. Es hatte ein weißes Fell und viele braune Flecken …"

Die Mutter strich über sein schwarzes Haar. „Kleiner Fuchs", sagte sie, „mein kleiner Geschichtenerzähler."

Es ist keine Geschichte, es ist wirklich wahr, wollte Sinopah sagen, aber seine Lider wurden plötzlich so schwer, dass sie von selbst zufielen. Er spürte noch die Hand der Mutter auf seinem Haar, dann war er eingeschlafen.

Er träumte von seinem Pony. Im Traum ritt er auf dem Pony über die Hügel. Und im Traum gab es keinen fremden Mann, vor dem er Angst hatte.

Der Geistermann

Am nächsten Morgen beschlossen die Kinder, zum Büffel-und-Jäger-Spiel in die Prärie zu ziehen. Sie teilten sich in zwei Gruppen, in Büffel und Jäger. Die Büffelherde lief aus dem Lager, und die Jäger durften nicht sehen, wohin sie wanderten. Die Mädchen der Jägergruppe holten ihre Hunde und ihre Pferde. Gingen die Männer des Stammes auf die Büffeljagd, so wurden sie von den Frauen und großen Mädchen mit Hunden und Pferden begleitet. Die kleinen Mädchen der Kinderjäger hatten freilich keine wirklichen Packpferde und Packhunde. Sie brachen Zweige aus dem Gebüsch, banden Lederriemen daran fest und zogen sie hinter sich her. Ein dicker Ast war ein Pferd, ein dünner Zweig ein Hund.

Im Zeltdorf der Kinder hockten die Jäger beisammen und warteten ungeduldig. Nach einiger Zeit schickten sie ihre Späher aus. Rund um das Lager war der Boden zertreten von den Erwachsenen, den Kindern, den Pferden und den Hunden. Es war nicht leicht, die Spuren der Büffelherde zu finden.

Die Jäger und die kleinen Mädchen fragten sich aufgeregt: „Wo bleiben nur die Späher so lange?" Sie mussten doch schon längst die Büffelherde entdeckt haben.

Endlich kamen die Späher gelaufen und schrien: „Wir haben die Büffel gefunden! Wir haben die Büffel gefunden!"

Die Büffelherde war in die Prärie gewandert. Bald sah man deutlich ihre Spuren im Gras. Die Jäger sprachen kein Wort. Auch die Mädchen schwiegen. Auf einem Hügel oben ließen sich die Späher ins Gras fallen. Und sofort folgten alle Jäger ihrem Beispiel. Leise, ohne einen Laut, krochen sie auf die Kuppe.

Vor ihnen, unten im Tal, lagerten die Büffel.

Jeder Büffel hielt einen Zweig in den Händen.

Die größeren Jungen, die Bullen, hatten sich mit Dornenzweigen bewaffnet und schützten im Kreis die Kühe und Kälber, die Mädchen und die kleineren Jungen. Manche der Kühe und Kälber hatten sich niedergelegt, andere wieder taten, als weideten sie, und rupften Gras und Blumen aus.

Jetzt hieß es vorsichtig sein. Kein Halm durfte sich bewegen, kein Stein sich lösen und den Hang hinabkollern.

Denn Büffel sind wachsam. Kaum entdecken sie die Jäger, warnen sie die Herde. Und Büffel laufen schnell. Sie können eines der vielen kleinen Wäldchen erreichen und dann haben die Jäger das Nachsehen. Die Kühe und Kälber verstecken sich und die

Büffelbullen fallen die Jäger an. Wer weiß, wie so ein Kampf ausgeht! Die Jäger müssen sehr geschickt sein und den Bullen rasch die Dornenzweige aus der Hand reißen. Ein Büffel, der seinen Zweig verliert, ist tot. Es ist leicht, den Kühen und Kälbern die Laubzweige wegzunehmen. Schwieriger ist es bei den Bullen, sie können sich mit ihren Dornenzweigen wehren. Wenn ein Büffelbulle einen Jäger damit schlägt, so ist der Jäger verwundet und darf nicht mehr mitspielen.

Sinopah lag bei den Jägern oben am Hügel. Dort, sehr nahe, war ein Wald! Der Wald, der die Wiese umschloss, auf der das weiße scheckige Pony gegrast hatte. Die Wiese, auf die der fremde alte Mann plötzlich aus dem Dunkel der Bäume hervorgetreten war.

Nun stutzten die Büffelbullen. Sie richteten sich auf und lauschten. Eine Schar Präriehühner erhob sich mit schwirrenden Flügelschlägen und lautem Gekreisch. Die Büffelherde stob davon, Kühe und Kälber voran, gedeckt von den Bullen.

Die Büffelherde rannte zum Wald.

Sinopah lief mit den Jägern. Er wagte kaum aufzusehen. Er wollte rufen, aber die Worte steckten in seiner Kehle fest.

Schon waren die Büffel nicht mehr weit vom Waldrand entfernt, als sie plötzlich mitten im Laufen anhielten.

Im Schatten der Bäume stand ein alter Mann. Er hob die mageren braunen Hände, als wollte er die Kinder zu sich winken. Die Decke aus Büffelleder

hing wie Flügel von seinen Schultern. Ein Pony sprang wiehernd aus dem Wald.

Die Kleinsten aus der Kinderschar warfen die Arme hoch und schrien. Dort stand Sinopahs Geistermann. Das musste er sein! Er konnte den Donner rufen und den Blitz. Die weißen Wolken am Himmel, ballten sie sich nicht schon zu düsteren, schwarzen Gewitterwolken zusammen? Das Sonnenlicht, wurde es nicht schon trüb?

Die Kinder flohen. Die Büffel warfen ihre Dornenzweige fort, liefen wie die Jäger und sahen sich kein einziges Mal um.

Nur Sinopah blieb nach einiger Zeit stehen. Der Alte am Waldrand war verschwunden. Der nächste Hügel verschluckte die Kinder. Sinopah war allein. Die Wolken schwammen weiß am Himmel. Ein Kaninchen hoppelte gemächlich und ohne Eile vorbei.

Sinopah ging langsam durch das hohe Gras. Beinahe glaubte er nun selber seine Geschichte, aber insgeheim wusste er ja, dass der Fremde im Wald kein Geistermann war. Und er wollte das Pony wiedersehen.

Sinopah trat unter die Bäume. Sonnenlicht fiel durch die Zweige und malte helle Tupfen auf Moos und Farnkraut.

Die Eichhörnchen flüchteten nicht, als Sinopah sich vorbeistahl. Kein dürres Laub raschelte, kein morscher Ast knackte verräterisch unter seinen Füßen. Er fand die Wiese nicht. Der Wald war groß. Dichtes Unterholz schloss ihn ein. Es roch nach Moder, nach würzigen Nadeln und Harz. Der leichte Wind brachte aber auch einen anderen Geruch. Rauch! Im Wald brannte ein Feuer.

Sinopah teilte die Zweige und Ranken und spähte hindurch.

Ein Bach floss durch eine Lichtung, überwuchert von Sumpfblumen. Am Rand der Lichtung stand ein Zelt. Ein sehr altes Zelt. Die grau gewordenen Lederwände leuchteten nicht mehr weiß oder gelb-braun wie die reich verzierten Zelte im Indianerlager.

Von einem halb erloschenen Feuer stieg Rauch auf. Im Zelt bewegte sich nichts. Es war ganz still. Nur die grauen Häher zankten in den Wipfeln. Sinopah kletterte auf einen der Bäume und schmiegte sich an einen dicken Ast. Er saß regungslos, verborgen im grünen Blättergewirr, und wartete.

Er musste lange warten. Das Feuer vor dem Zelt erstarb. Der Rauchfaden wurde dünner und dünner. Die Bäume warfen keine Schatten mehr. Die Sonne stand hoch über der Lichtung und erinnerte Sinopah daran, dass es Mittag war und dass er noch nichts gegessen hatte.

Als er überlegte, ob er hinuntersteigen und zum Zeltdorf zurückgehen sollte, lief ein Waschbär zum Bach. Sinopah vergaß sofort seinen Hunger. Der Waschbär war noch jung. Er trug einen dunklen Streifen auf seinem braunen Fellgesicht, sein buschiger Schweif war mit sechs hellen Ringen verziert.

Mit den flinken Vorderpfoten wühlte er unter den Steinen am Bachrand und zog einen Frosch hervor.

Als er ihn fressen wollte, entschlüpfte ihm der Frosch und hüpfte davon. Da saß nun der junge Waschbär am Ufer und sah erstaunt und verdutzt drein, als könnte er nicht begreifen, dass dieses zappelnde Ding wieder fort war.

Gleich darauf wühlte er eifrig unter dem nächsten Stein. Bevor er einen zweiten Frosch fangen konnte, kam der alte Mann aus dem Wald. Sinopah hielt den Atem an. Noch nie war er dem alten Mann so nahe gewesen. Er hatte seinen Freunden erzählt, der Alte sei ein Geistermann. Der alte Mann sah jedoch genauso aus wie alle die alten Männer im Lager. Sinopah konnte nicht mehr verstehen, warum er sich vor ihm gefürchtet hatte.

Die Decke aus Büffelleder war ihm so unheimlich vorgekommen. Es war aber eine ganz gewöhnliche Büffelhaut, nur ziemlich abgenützt. Auch die anderen Kleidungsstücke des alten Mannes waren abgenützt, ohne Fransen und Schmuck.

Der alte Mann setzte sich ins Gras. Sinopah erinnerte sich an den Waschbären. Sicher war der schon längst fort. Nein, er hockte noch immer am Bachrand. Der alte Mann holte aus einer Tasche ein Stück Fleisch. Der Waschbär fraß es, kletterte auf die Knie des alten Mannes und schnüffelte am Lederhemd herum.

Der alte Mann streichelte den Waschbären. Er fuhr mit den Händen über das dichte Fell, immer wieder. Er sprach kein Wort. Er lächelte. Aber das Lächeln war traurig.

Der Waschbär lief fort. Amseln und Finken hüpften ohne Scheu vor dem alten Mann im Gras umher. Im Gebüsch flötete eine Graumeise. Der alte Mann spitzte die Lippen und ahmte die Stimme des Vogels nach. Eine Graumeise flog auf seine ausgestreckte Hand. Noch eine Graumeise kam und wieder eine. Die Vögel umflatterten den alten Mann. Sinopah riss die Augen weit auf. Der Waschbär war nicht geflohen und die Vögel kamen, wenn er sie rief, der alte Mann. Die Tiere hatten keine Angst vor ihm.

Sinopah wurde es auf seinem Ast sehr unbehaglich. Warum hatte er die Geschichte vom Geistermann erzählt? Da saß er oben im Baum, konnte nicht herunter, konnte nicht fort und musste zusehen, wie der alte Mann mit den Tieren spielte.

Nun lachte der alte Mann leise. Das scheckige Pferd trabte aus dem Wald. Sinopah vergaß alles andere und wäre beinahe von seinem Ast auf den Boden hinabgesprungen. Das Pferd trappelte zu dem alten Mann. Die Vögel huschten fort. Der alte Mann legte die Arme um den Hals des Ponys.

Wieder lächelte er, als sei er traurig.

Der Junge presste sein Gesicht an die raue Rinde. Er fühlte, dass er weinen musste. Die Tränen rannen über sein Gesicht, und er wollte doch gar nicht weinen.

Das Feuer vor dem Zelt war erloschen, ein Haufen grauer zusammengesunkener Asche. Der alte Mann ging mit gebeugtem Rücken in den Wald zurück, und das Pony folgte ihm.

Sinopah glitt von dem Baum und suchte durch den Wald den Weg nach Hause. Er schritt über die blühenden Wiesen, in denen Vögel sangen, Bienen summten, Kaninchen spielten und Schmetterlinge von Blüte zu Blüte schaukelten.

Sinopah dachte an den alten Mann, der allein im Wald lebte, der den Waschbären fütterte, die Vögel lockte und das Pony streichelte. Vielleicht hatte der alte Mann die Kinder zu sich rufen wollen. Vielleicht hatte er die Kinder zu seinem Zelt führen wollen.

Aber die Kinder waren fortgelaufen. Sie waren fortgelaufen, weil Sinopah erzählt hatte, der Alte im Wald sei ein Geistermann.

Das Pony läuft fort

Die Mutter legte ein großes Stück gebratenes Hirschfleisch in eine bunt bemalte Ledertasche.

„Soyi, Sinopah", bat sie, „geht zu dem alten Mann, der allein im Wald lebt."

Sinopah beugte sich über seinen kleinen Köcher und steckte langsam einen Pfeil nach dem anderen hinein. Woher wusste die Mutter von dem alten Mann im Wald? Gewiss hatte Soyi gestern alles erzählt!

„Zum Geistermann?", rief die Schwester und man

konnte spüren, wie ihr dabei ein Schauer über den Körper rann.

„Sinopah!", sagte da die Mutter.

Sie sagte nur „Sinopah", sonst nichts. Sinopah wünschte, er hätte niemals diese Geschichte vom Blitz und Donner und dem Geistermann erfunden, und er wünschte, er müsste die Worte der Mutter nicht hören.

„Gestern Abend ritt der Vater in den Wald und suchte das Zelt des fremden alten Mannes. Der alte Mann bat ihn: ‚Setz dich an mein Feuer.' Und der Vater setzte sich an sein Feuer. Ganz allein lebt der alte Mann im Wald, meine Kinder. Alle sind gestorben, die ihn liebten. Niemand geht für ihn auf die Jagd. Niemand sammelt für ihn Holz, wenn er müde ist. Niemand sitzt an seinem Feuer, wenn es Abend wird. Der Vater versprach ihm: ‚Ich werde meine Kinder zu dir schicken und sie sollen dir von meiner Jagdbeute bringen.'"

Sinopah stand auf. Nie wieder, so hatte er sich gestern vorgenommen, wollte er zu dem alten Mann gehen. Aber nun musste er gehen. Der Vater hatte es versprochen. Er hängte sich die Ledertasche um und nahm seinen Bogen und den Köcher mit den Pfeilen.

Soyi fasste Kleiner Bruder an der Hand. Ach du, wollte Sinopah sagen, immer musst du Kleiner Bruder mitschleppen. Doch er sagte es nicht. Er war froh, dass Kleiner Bruder und Soyi ihn begleiteten.

Die Kinder wanderten über die Wiesen. Kleiner

Bruder trippelte zwischen seinen Geschwistern. Soyi und die Mutter fanden, dass er der hübscheste und liebste kleine Junge im Lager war. Sinopah konnte das nicht verstehen. Nun ja, manchmal war es lustig, mit Kleiner Bruder zu spielen.

Sinopah gab auch zu, dass Kleiner Bruder nett anzusehen war. Er hatte große schwarze Augen. Das Haar war glatt und schwarz. Er trug einen Lederkittel mit vielen Fransen. Und Soyi hatte rote Beeren auf eine Büffelsehne gefädelt und dem kleinen Bruder umgehängt, dass er damit spielen konnte.

Als sie zum Wald kamen, ging Soyi nicht weiter. Sie setzte sich ins Gras. „Hier", sagte sie, „warten wir auf Sinopah, Kleiner Bruder!"

Unter den Bäumen war es dunkel. Überall lagen Schatten. Soyi fühlte ein kaltes Prickeln. Gewiss, der alte Mann war kein Geistermann. Die Mutter hatte es gesagt. Trotzdem wollte Soyi auf der Wiese bleiben. Da schien die Sonne. Und in der warmen Luft schwebten Schmetterlinge über den Wolkentieren, die der Wind im Gras zum Leben erweckte.

Soyi liebte die Wolkentiere. Sie liebte es, in einer Wiese zu sitzen und die Schatten über die Gräser laufen zu sehen. Manchmal konnte sie nicht widerstehen, ihnen nach ins hohe Gras zu waten, als ließen sich die Wolkentiere fangen.

Die Wolkentiere gehörten ihr. Sie hatte sie entdeckt, sie hatte ihnen den Namen gegeben. Niemand außer ihr hatte jemals daran gedacht, sie Wolkentiere zu nennen. Sie glichen nun keineswegs den Wolken am Himmel, aber sie waren genauso geheimnisvoll, genauso unerreichbar.

„Wir wollen mit den Wolkentieren spielen", schlug Soyi vor und Kleiner Bruder schien ganz damit einverstanden zu sein.

Nur Sinopah war nicht einverstanden. „Allein geh' ich nicht zu dem alten Mann!", rief er.

Soyi legte sich ins Gras und blies die weißbeflügelten Samen einer Flockenblüte dem kleinen Bruder ins Gesicht.

Sinopah spürte, wie schwer die Ledertasche war. Oder war sie nur deshalb so schwer, weil er nun allein dem alten Mann das Geschenk des Vaters bringen musste? Plötzlich fiel ihm das weiße scheckige Pony ein. Vor dem alten Zelt im Wald mochte das Pony im Gras weiden.

Sinopah fasste den Bogen fester und ging in den Wald. „Ich schleiche ganz leise hin", sagte er sich. „Ich warte, bis der alte Mann fortgeht. Wenn er fort ist, lege ich das Stück Fleisch vor sein Zelt. Wenn er fort ist, streichle ich das Pony ..."

Als Sinopah sich angeschlichen hatte und durch die Zweige auf die Lichtung spähte, sah er, dass er nicht warten musste. Der alte Mann war nicht hier. Die Feuerstätte war schwarz und kalt. In den Büschen sangen Graumeisen. Amseln und Finken ließen sich in Schwärmen auf der Wiese nieder und flatterten wieder auf, wenn das Pony sie erschreckte, wenn es mit dem Schweif um sich schlug oder die Mähne schüttelte oder den Kopf zurückwarf.

Das kleine Pferd sah sehr zahm aus. Es zog niemals an der Leine, mit der es am Zelt festgebunden war. Sinopah ging langsam näher. Das Pony schnaubte. Nur einmal, einmal möchte ich auf seinem Rücken sitzen, dachte Sinopah.

Das Pony stand ruhig da. Es schien Sinopah, als warte es darauf, dass er es losband und rund um die Lichtung führte. Es schien, als warte es darauf, dass er auf ihm einmal rund um die Lichtung ritt. Sinopah lauschte. Auch das Pony lauschte. Es spitzte die weißen Ohren. Sinopah bückte sich und löste den Knoten der Leine. Die Leine in der Faust, horchte er. Im Wald regte sich nichts.

Sinopah führte das Pferd entlang den Bäumen um die Lichtung. Das Pferd folgte ihm gehorsam. Sinopah wurde mutiger. Er fasste die Mähne und sprang auf den Rücken des Ponys. Da saß er nun oben. Das Pony begann zu traben, es schaukelte ganz leicht. Sinopah hätte vor Freude schreien können: Soyi, Kleiner Bruder, seht doch! Aber er musste schweigen, damit der alte Mann ihn nicht hören konnte, der irgendwo im Wald war.

Sinopah streckte die Arme aus gegen den blauen Himmelsfleck über sich.

Das Pony warf ihn ab. Sinopah wusste nicht einmal, wie es zuging, so schnell geschah alles. Er lag im Gras und über ihm spannte sich der blaue Himmelsfleck. Zwischen den dunklen Bäumen verschwand das fröhlich wiehernde Pony. Der Schweif wehte weiß zwischen den Stämmen. Und dann war das

Pony fort. Die Sonne schien in Sinopahs Augen, er musste sie schließen. Wenn der alte Mann zurückkam, war das Pony nicht mehr da. Sinopah hatte nicht nur die Geschichte vom Geistermann erzählt, er hatte auch das Pony losgebunden.

Sinopah sprang auf und rannte dem Pony nach. Das Pony trabte durch den Wald. Sinopah konnte es nicht einfangen. Ein paarmal ließ es ihn so nahe herankommen, dass er es mit den Händen fast berühren konnte. Ja, es wartete, bis er ganz nahe war, und sprang weg, sobald er die Hände ausstreckte.

Zweige, die tief herabhingen, schlugen Sinopah ins Gesicht. „Pony", rief er, „Pony, bleib stehen!"

Das Pony erreichte den Waldrand. Durch die Stämme leuchtete die sonnenbestrahlte Wiese, auf der Soyi und Kleiner Bruder spielten.

Das Pony lief auf die Wiese hinaus. Mit hocherhobenem Kopf und flatternder Mähne stürmte es in die Prärie, in das einsame Land.

„Sinopah!", hörte der Junge die Schwester rufen.

„Ich muss das Pony fangen!", schrie er. „Ich kann dich nicht brauchen, dich nicht und Kleiner Bruder nicht."

Aber Soyi wollte nicht allein zurückbleiben. Der Himmel war viel zu groß. Die Wiese war viel zu groß. Der Wald war zu nahe. Sie packte Kleiner Bruder an der Hand und rannte Sinopah nach.

Das Pony war längst auf einem der Hügel. Im hohen Gras sah man deutlich seine Spur. Sinopah wartete auf Soyi und Kleiner Bruder. Das Pony würde laufen und laufen. Aber einmal würde es müde werden. Und wenn es müde war, würde es rasten und Gras fressen oder aus einem Bach trinken. Dann konnte er es fangen und dem alten Mann zurückbringen.

Die Kinder in der Prärie

Das Pony lief. Es blieb niemals stehen. Seine Hufe zogen einen dunklen Strich durch das Gras. War es oben auf einem der Hügel, so sahen es die Kinder. Zuerst war es noch groß, aber es wurde immer kleiner. Und dann sah man nichts mehr. So weit war es fort. Nur der dunkle Strich im Gras, der war noch zu sehen.

Sinopah, Soyi und Kleiner Bruder folgten der Spur. Kleiner Bruder und Soyi sprangen lachend voraus.

Am Morgen war das Gras taufeucht gewesen. Jetzt hing kein einziger Tropfen mehr an den Halmen. An dem großen Himmel stieg die Sonne immer höher. Die Tasche drückte schwer auf Sinopahs Schulter. Er musste Kleiner Bruder an der Hand nehmen. Soyi lachte nicht mehr.

Plötzlich ließ sich Kleiner Bruder ins Gras fallen. Er weinte. Soyi setzte sich zu ihm.

„Ich will heimgehen", sagte sie.

Das Mittagslicht blendete. Es lag auf allen Hügeln. Auf manchen wuchsen Bäume und Sträucher, auf manchen nur Gras und Blumen. Wäre da nicht der dunkle Strich im Gras gewesen, die Stapfen der Hufe und der Kinderfüße, Sinopah hätte den Weg nach Hause nicht mehr gefunden.

Sie mussten heimgehen. Sinopah wusste es. Er durfte das Pony nicht mehr suchen. Er musste mit Soyi und Kleiner Bruder ins Lager zurückkehren. Kinder dürfen nicht allein so weit von den Zelten fort. Die Prärie ist groß, ein wildes einsames Land. Das weiße scheckige Pony war in die Prärie gelaufen. Sinopah hatte es losgebunden. Der alte Mann wartete vergeblich auf sein Pony. Sinopah senkte den Kopf. Er sagte: „Wir wollen heimgehen."

Soyi vergaß schnell ihren Kummer. „Schau, die Wolkentiere!", rief sie. Und wirklich, über alle Wiesen ringsum liefen Wolkentiere. Der Mittagswind strich über die Gräser.

Er strich über die Gräser und beugte sie. Er flüsterte in den Blättern der Büsche. Aber es war ein seltsamer Wind. Irgendwo rauschte er wie ein Sturm im Wald. Es konnte aber kein Sturm, kein Wind sein. War es nicht, als schlüge man viele Trommeln, fern, leise und dumpf zuerst?

Das Trommeln schwoll an. Die Erde begann unter den Füßen der Kinder sacht zu beben.

Soyi fragte: „Was ist das?"

Dann schwieg sie. Auch Sinopah schwieg. Über die Hügel der Prärie strömte eine gewaltige Büffelherde.

Die Hügel wurden schwarz. Tier wanderte an Tier, sie zogen gemächlich dahin, ohne Hast und ohne Eile. Unter ihren Hufen verschwand der dunkle Strich im Gras, der die Kinder nach Hause leiten sollte.

Soyi und Sinopah fassten Kleiner Bruder an der Hand, kehrten um und flohen.

Ein Hügel lag vor ihnen, bedeckt mit Bäumen und Büschen. Die Kinder liefen auf diesen Hügel. Ranken wucherten. Eine Quelle füllte einen kleinen Tümpel. Man sah weit in das ferne Land hinaus.

Wurden nicht alle Wiesen der Prärie schwarz von wandernden Büffeln?

Es schien Sinopah, als hörte er den Vater sprechen. „Bleib hier, Sinopah, auf diesem Hügel", sagte des

Vaters Stimme in ihm. „Ihr dürft nicht weiter in die Prärie fliehen, fort vom Lager. Die Büffel werden euch einholen, vielleicht mitten auf einer Wiese. Um euch werden dann nur Büffel, große riesige Tiere sein. Büffel können Angst bekommen, man weiß nicht, warum. Sie bekommen Angst und fangen an zu laufen. Sie werden über euch hinwegtrampeln. Unter den Bäumen aber seid ihr sicher. Hier kann euch nichts geschehen."

Jeden Frühling und jeden Herbst wanderten die Büffel. Sie sammelten sich zu großen Herden und zogen durch die Prärie. Der Vater hatte Sinopah oft mitgenommen und ihm die wandernden Büffelherden gezeigt. An alles, was der Vater ihm dabei gesagt hatte, erinnerte sich Sinopah.

Er setzte sich zu Soyi und Kleiner Bruder unter die Bäume. Friedlich grasend kamen die Büffel näher. Bald konnte man nichts anderes mehr sehen als die braunen wogenden Rücken.

Soyi und der hungrige kleine Wolf

Vom Mittag bis zum Abend zogen die Büffel vorüber. Ihre mächtigen braunen Leiber schlossen die Kinder, die Sträucher und die schützenden Bäume ein. Manchmal kamen die Büffel so nahe, dass Sino-

43

pah, wäre er zwischen den Bäumen hervorgetreten, sie mit der Hand hätte berühren können: die großen Bullen mit ihren zottigen Nacken, die geduldigen Kühe und die verspielten, wolligen rotbraunen Kälber auf ungeschickten langen Beinen.

Wenn die Herde sich auflockerte, sahen die Kinder hungrige Präriewölfe vorbeischleichen, die darauf warteten, dass ein krankes Tier zurückbleiben oder eines der Kälber von den Müttern fortspringen würde.

Wie eine Wolke, die sich zu weit vom Himmel herabgeneigt hat, lag ein Staubschleier über der wandernden Herde. Im ungetrübten Blau des Himmels kreisten Falke und Habicht. Es schien, als sängen die Vögel nicht mehr, nur das dumpfe Brüllen und Schnauben der Büffel war zu hören.

Die Kinder tranken aus dem Tümpel und aßen von dem Fleisch, das sie dem alten Mann hatten bringen sollen. Sorglos spielten Soyi und Kleiner Bruder unter den Bäumen inmitten der großen Herde. Nur Sinopahs Herz war schwer. Aber er sagte nichts. Er war der große Bruder.

Der Himmel wurde grau. Zwischen den Bäumen spann die Dämmerung ihr sanftes Licht. Die letzten Büffel waren vorübergezogen.

Das Gras lag flach am Boden. Es wogte nicht mehr im Wind. Sinopah schaute stumm auf die von den Büffeln zerstampften Wiesen. Der dunkle Strich im Gras, die Spur, die zu den Eltern führte, war ausgelöscht. Alle Hügel ringsumher glichen sich. Alle

Wäldchen ringsumher glichen sich. Sie waren allein in der Prärie, allein in dem einsamen Land, in dem man verhungern konnte und verdursten und aus dem man vielleicht niemals mehr den Weg nach Hause fand.

Sinopah fasste Bogen und Pfeile, ließ Soyi und Kleiner Bruder im Schutz der Bäume zurück und lief auf einen Hügel, der höher war als die anderen. Als er oben stand, war es dunkel geworden. Täler und Mulden hatten sich mit Schatten gefüllt und feierlich umschloss der Kranz schwarzer Hügel das weite Land.

Nirgends auch, so sehr Sinopah umherspähte, entdeckte er das weiße scheckige Pferd.

War es in die Büffelherde geraten? Hatte ein Bulle es niedergestoßen? Vielleicht lag es mit gebrochenem Bein im Gras und wartete auf den alten Mann, der nicht kommen konnte, ihm zu helfen. Vielleicht umschlichen es schon die hungrigen Wölfe. Vielleicht war es schon tot?

Sinopah stapfte mit hängendem Kopf zurück. Er ging langsam und sah nicht auf, als er unter die Bäume trat. Unter den Bäumen war niemand. Soyi und Kleiner Bruder waren fort.

Aber er hörte Soyis Stimme.

„Kleiner Wolf", lockte sie, „friss, kleiner Wolf, komm, kleiner Wolf, komm ..."

In den Büschen am Hang des Hügels kauerten Soyi und Kleiner Bruder und Sinopah sah gerade noch einen grauen Schatten durch das Gras gleiten und einen zerzausten Schwanz im Gesträuch verschwinden.

„Jetzt hast du ihn fortgejagt!", sagte Soyi vorwurfsvoll.

Das Tier hockte hinter einem Wacholderbusch. Es war ein Präriewolf, ein kleiner halb verhungerter, verlassener Wolfswelpe. Er verschlang hastig einen Bissen Fleisch aus Sinopahs Tasche, das Soyi ihm zugeworfen hatte. Struppig grau hing das Fell an dem mageren Körper. Der Schwanz zuckte.

Der kleine Wolf legte die Ohren zurück, zog die Lefzen hoch und fletschte die Zähne, damit Sinopah sich fürchten sollte. Er wich immer mehr hinter den Busch zurück und drückte sich auf den Boden. Ein leises grollendes Knurren kam aus seiner Kehle. Aber die kläglichen, im Dunkel grün leuchtenden Augen ließen die ganze Hilflosigkeit des zitternden kleinen Tieres erkennen.

Sinopah hob die halb leere Tasche auf. „Soyi", sagte er, „Kleiner Bruder, du und ich, wir brauchen das Fleisch selber."

„Morgen gehen wir heim", antwortete Soyi sorglos, „und dann brauchen wir es nicht mehr."

Sinopah blickte zu dem schwarz gewordenen Himmel auf. Er fühlte sich allein und verlassen, so verlassen wie das Wolfsjunge, das gewiss seine Eltern verloren hatte. Halb schon in Tränen, rief er: „Wenn du dem Wolf unser Fleisch gibst, haben wir nichts zu essen."

„Schau nur, er hat so großen Hunger!", sagte Soyi.

„Ich bin nicht hungrig. Und Kleiner Bruder will mit ihm spielen. Bleib stehen, Sinopah! Nun hast du ihn verjagt! Er ist fort! Warum hast du das getan!"

Sinopah wandte sich wortlos um und ging zu den Bäumen. Er sammelte Salbeibüschel und Laub. Unter den tief herabhängenden Zweigen eines Strauches baute er ein Nest zum Schlafen und holte Kleiner Bruder.

Er sah nicht dorthin, wo Soyi in den Büschen vergeblich nach dem kleinen Wolf suchte. Er wollte nicht hinsehen. Kleiner Bruder hing müde an seinem Arm. Er zog Kleiner Bruder in das Nest und legte das Gesicht auf die Knie. Es war Sinopah, als sei er ganz allein, als wären weder Kleiner Bruder noch die Schwester bei ihm.

Nach einiger Zeit kam Soyi. Sie sagte es nicht, aber draußen im Dunkeln hatte sie Angst bekommen. Im Nest neben Sinopah und Kleiner Bruder hatte sie keine Angst. Kleiner Bruder seufzte schläfrig und zufrieden. Soyi kauerte sich zu ihnen und rückte nahe an Sinopah. Er konnte spüren, dass sie bei ihm sein wollte. Und da wurde er froh. Er war nicht allein, Kleiner Bruder und Soyi waren bei ihm. So saßen sie dicht beisammen unter dem Dach der Blätter, die leise rauschten.

Die einsame Nacht in der Prärie

Unter den Zweigen hervor konnten die Kinder auf die Prärie sehen. Alles war schwarz geworden, Himmel, Wiesen, Hügel und Wälder. Nirgends regte sich ein Vogel. Kein Tier war zu hören.

Die Kinder lauschten auf ihre eigenen Atemzüge. Und in dieser Stille, in dieser lautlosen Schwärze der Nacht löste sich von dem dunklen Land eine riesige rote Mondscheibe.

Die Kinder wussten, dass der Mond in der Prärie, wenn er aufgeht, groß und rot ist, und erst beim Höhersteigen weiß und kleiner wird. Hatten sie ihn nicht oft schon über den Zelten des Lagers schweben sehen? Doch nie waren sie allein gewesen. Helle Feuer hatten gebrannt und Vater und Mutter hatten neben ihnen gesessen.

Soyi schlang die Arme um Sinopah.

Kleiner Bruder aber schlüpfte unter den Zweigen durch und schaute voller Staunen auf den Mond. Er sah ihn zum ersten Mal. Daheim hatte er immer schon geschlafen. Ein großes, rot leuchtendes Ding stand über den Hügeln. Kleiner Bruder streckte die Arme danach aus.

Soyi und Sinopah sahen sich an und mussten auf einmal lachen. Sie gingen zu Kleiner Bruder, setzten sich ins Gras und konnten ihre Angst nicht mehr begreifen. Wie schön war der aufgehende Mond über dem weiten nächtlichen Land!

Plötzlich schluchzte Soyi auf. „Der arme kleine Wolf", sagte sie, „er ist ganz allein."

Sinopah musste an das zerzauste hungrige Wolfsjunge denken. Irgendwo mochte es jetzt im Gras hocken, unter einem Busch verkrochen, zitternd vor den nächtlichen Jägervögeln, die lautlos über die Wiesen strichen.

Nun ja, Sinopah hatte den Wolf fortgejagt, er hatte Soyi verboten, ihn zu füttern. Sie brauchten das Fleisch selber. Soyi wusste nicht, dass sie sich verirrt hatten, er aber wusste es. Doch, so sagte sich Sinopah, wie verlassen ist der kleine hungrige Wolf. Und ich habe ihn fortgejagt. Wenn wir kein Fleisch mehr haben, kann ich auf die Jagd gehen. Ich habe Pfeil und Bogen. Und ich kann Schlingen legen und ein Kaninchen fangen.

Er sprang auf, fasste Soyi und Kleiner Bruder an der Hand und sagte: „Holen wir den kleinen Wolf zu uns!"

Soyi lief zu den Wacholderbüschen und lockte: „Kleiner Wolf … kleiner Wolf …"

Aber nirgends sahen sie das grüne Licht seiner Augen leuchten. Nirgends konnten sie das zerzauste struppige Fell entdecken. Sie gingen weit hinaus in die Prärie, doch das Wolfsjunge kam nicht auf ihre Rufe.

Sinopah wurde traurig. Es war ihm nicht mehr gleichgültig, was mit dem kleinen Wolf geschah. „Morgen finden wir ihn", tröstete er sich und die Geschwister.

Soyi und Kleiner Bruder schliefen sofort ein, als sie sich in ihrem Nest aus Zweigen und Laub ausstreckten. Auch Sinopah schloss die Augen.

Aber er wachte bald wieder auf. Es war nicht mehr dunkel. Der Mond hing hoch am besternten Himmel und streute Licht auf die Wiesen. Die Hügel waren grau geworden. In den Tälern lagen Mondschatten. Durchstrahlter Nebel schwamm über der Prärie.

Mitten im bleichen Nebelgespinst graste das scheckige Pony. Das weiße Fell glänzte. Die weiße Mähne schimmerte. Noch immer schleifte die Leine lang am Boden.

Sinopah stand auf. Er teilte die herabhängenden Zweige und trat aus seinem Nest. Er schritt den Hang hinab, lautlos in seinen weichen Lederschuhen. Einmal löste sich ein Stein unter seinen Füßen und man hörte es deutlich in der Stille. Das Pony schüttelte die Mähne, graste aber unbekümmert weiter.

„Pony, mein Pony!", rief Sinopah leise.

Das Pony lief nicht weg. Es schien, als warte es darauf, dass der Junge die Leine nähme und es wieder zurückführte zu den Menschen. Schon streckte Sinopah die Hand aus, da wieherte das Pferd und galoppierte fort, ein kleiner tanzender Mond, herabgefallen vom Himmel, dort auf den nun schon fernen Hügeln. Dann war es verschwunden.

Sinopah warf sich auf der Wiese nieder und presste sein Gesicht ins Gras. Er konnte nicht einmal weinen. Das Pony, das ihnen den Weg nach Hause

hätte zeigen können, war wieder fortgelaufen. Der alte Mann wartete vergeblich auf sein Pferd, der Vater und die Mutter warteten vergeblich auf ihre Kinder.

Als Sinopah lange auf der Wiese gelegen hatte, hörte er ein leises Winseln. Er hob den Kopf. Das Wolfsjunge hockte im Gras und klagte. Im Mondlicht sah sein gesträubter Pelz noch zerzauster, noch erbärmlicher aus. Es zitterte, es fror. Die spitze Schnauze bebte.

Sinopah richtete sich auf. Das Wolfsjunge kroch zu ihm. Er nahm es in die Arme. Er streichelte es. Er hielt es fest. Und das verlassene Tier klagte nicht mehr. Es bohrte seine Schnauze in die Hände des Jungen und leckte sie.

Sinopah konnte wieder weinen. Es war gut, die Tränen auf dem Gesicht zu spüren. Er legte die nassen Wangen an das struppige Fell, ging zum Nest zurück und schlief ein, das Wolfsjunge in den Armen.

Das Abenteuer am See

Am Morgen funkelte die Sonne. Alle Blätter glänzten. Von den Zweigen rollten Tautropfen. In den Büschen sangen und flöteten die Vögel.

Das Wolfsjunge hatte Soyi geweckt. Es war gekommen und hatte sie mit seiner feuchten Schnauze gestupst. Soyi saß auf ihrem Laubbett. Noch waren ihre Augen klein vom Schlaf.

„Oh", stieß sie immer wieder hervor, „oh!"

„Siehst du, ich habe ihn gefunden", sagte Sinopah. Die Schwester grub ihre Finger in das struppige Fell. „Schau, so klein sind seine Ohren!", rief sie. „Und ein so kleines Maul hat er ..." Sie fand kein Ende, das Wolfsjunge zu bewundern.

Sinopah trat vor die Bäume. Die Wiesen waren mit Tau besät wie nachts der Himmel mit seinen Lichtern. Nicht weit von den Büschen stand das weiße scheckige Pony. Als es den Jungen sah, wandte es ihm den Kopf zu.

Sinopah ging keinen Schritt vorwärts. Er wagte nicht zu rufen.

Das Pony kam langsam näher. Es hatte sich lange genug auf den Wiesen der Prärie vergnügt. Es war dahingestürmt und seine Leine hatte es nicht gehindert. Durch klare Bäche war es gewatet und über taufeuchte Wiesen war es getrabt. Nun wollte es wieder zurück zu den Menschen.

Es rieb schmeichelnd den Kopf an der Schulter des Jungen. Sinopah bückte sich und hob die Leine auf. Wortlos führte er das Pony zu der Schwester.

Als der kleine Wolf das Pferd erblickte, stob er davon, verkroch sich im Gebüsch und blieb dort zähnefletschend und knurrend liegen. Das Pony tat, als sei es erschrocken, bäumte sich auf und wieherte.

Soyi zog den Wolf aus seinem Versteck und nahm

ihn in die Arme. „Es ist nur ein Pferd", sagte sie, „sieh nur, ein hübsches Pony."

Die Kinder wuschen sich an der Quelle und teilten ihr Fleisch mit dem Wolf.

Das Pony war sanft und friedlich geworden. Soyi durfte auf seinen Rücken klettern. Sinopah hob den kleinen Bruder hinauf.

Pferde sind klug. Sie finden den Weg nach Hause, auch wenn keine Spur mehr im Gras zu sehen ist. Sie wissen genau, über welche Hügel sie getrabt sind, auch wenn alle Hügel ähnlich aussehen, alle Büsche sich gleichen und alle Bäche.

Das Pony schaukelte leicht beim Gehen. Kleiner Bruder klammerte sich lachend an die dicke Mähne. Sinopah wanderte neben dem Pferd. Der kleine Wolf schlich ihnen nach. Von Zeit zu Zeit fletschte er die Zähne und knurrte, dann stutzte das Pony jedes Mal und Sinopah musste es beruhigend auf den Hals klopfen.

Zuerst führte das Pony die Kinder über die von den Büffeln zertretenen Wiesen, aber bald stand das Gras hoch und dicht. Kein Büffelhuf hatte es berührt. Die langen Schatten des Ponys und der Kinder schrumpften ein und wurden kürzer. Die Mittagszeit war da.

Die Kinder wurden hungrig. Aber in der Tasche war kein Fleisch mehr. Sie hatten nun einen Wald erreicht das Pony suchte ohne Zögern seinen Weg.

Ein kleiner See lag vor ihnen. Die Bäume standen dicht am Ufer. Auf dem klaren blauen Wasser schwamm das Spiegelbild weißer Wolken.

Wildenten mit braunen oder bunten Flügeln flüchteten ohne Eile vom Ufer fort. Ein Blaureiher verharrte reglos im Schilf.

Soyi und Kleiner Bruder glitten vom Rücken des Ponys. Sinopah schlang die Leine um einen Stamm. Seine Schwester schaute auf den See. Nichts wäre schöner, als darin umherzuschwimmen. Sie hieß nicht umsonst Sie-läuft-ins-Wasser. Als sie die Mokassins auszog und ins Wasser waten wollte, hielt Sinopah sie zurück. „Soyi", sagte er, „du musst jetzt Holz suchen und ein Feuer machen."

Sinopah und Kleiner Bruder gingen in den Wald, um ein Kaninchen zu fangen. Kleiner Bruder stapfte schweigend hinter Sinopah her. Dornenranken und Gestrüpp umwucherten gestürzte Stämme. Selbst am hellen Mittag war hier das Licht kühl und dämmrig. Hoch oben hämmerte ein Specht. Tauben gurrten und die Schreie der Häher klangen, als lachten sie sich gegenseitig aus.

Die Stimmen der Vögel störten die große Stille des Waldes nicht. Sinopah lauschte und schaute, ob nicht irgendwo ein Kaninchen umherhoppelte. Plötzlich hörte er ein klägliches Geheul.

Kleiner Bruder drückte sich an Sinopah. Der kleine Wolf heulte und das Pony wieherte.

Sinopah erstarrte.

Manchmal trollten sich alte braune Bären durch den Wald. Sie waren so mürrisch geworden, dass sie über alles in Wut gerieten, was ihnen begegnete. Man musste ihnen schleunigst aus dem Weg gehen.

Sah man sie aber zu spät, dann ... Sinopah wollte nicht daran denken! Vielleicht war ein alter mürrischer Bär an den See gekommen!

Sinopah und Kleiner Bruder rannten zurück. Der See lag ruhig vor ihnen. Das Pony graste friedlich. Unter den Bäumen hatte Soyi einen Haufen Reisig zusammengetragen. Auf dem Wasser gründelten Enten. Nur der kleine Wolf lief am Ufer hin und her und jammerte.

„Soyi!", rief Sinopah.

Niemand antwortete. Im See spiegelten sich nicht mehr die weißen Wolken. Eine große dunkle Wolke wuchs am Himmel.

„Soyi", rief Sinopah. Und noch einmal: „Soyi …!"

„Hier bin ich", hörte er die Stimme der Schwester. „Du hast mich nicht gesehen!" Auf einer Schilfinsel im Wasser schwankte das Rohr, Blätter raschelten. Soyi tauchte auf, triefend nass und lachend.

Mit einem Satz sprang der kleine Wolf ins Wasser.

„Halt ihn!", rief Soyi.

„Ein Wolf geht nicht unter", sagte Sinopah.

Soyi fischte den Wolf auf und watete ans Ufer. „Er hat geglaubt, dass ich fort bin", sagte sie. „Hast du gehört, wie er heulte? Und ich bin doch nur untergetaucht …"

Die tropfnasse Soyi drückte den Wolf an sich und der Wolf fuhr mit der Schnauze in ihr Gesicht.

Sinopah wollte der Schwester sagen, dass sie besser daran getan hätte, das Feuer anzuzünden und ihn nicht bei der Jagd zu stören. Aber er schwieg.

Gestern erst war das Wolfsjunge der Schwester zugelaufen. Gestern Abend hatte Soyi es zum ersten Mal gefüttert, als es hungrig und verlassen gewesen war. Und nun wollte das Wolfsjunge nicht mehr von Soyi fort. Es hatte jämmerlich geheult, als Soyi im Wasser verschwunden war.

Sinopah wünschte, das Pony sollte zu ihm kommen wie das Wolfsjunge zu der Schwester. Aber das Pony gehörte nicht ihm, es gehörte dem alten Mann. Sinopah nahm seinen Bogen. Er wollte lieber nicht daran denken. Es war auch Zeit, dass er eine Ente oder ein Kaninchen jagte, damit sich alle satt essen konnten.

Die Zweige der Bäume, bisher so reglos im heißen Mittag, begannen zu rauschen. Der See kräuselte sich. Die dunkle Wolke hatte sich fast über den ganzen Himmel gewälzt. Der Wind war aufgewacht. Das Wasser war grau wie der Himmel.

Sinopah wusste: Es wird regnen, ein Sturm wird kommen. Er musste sich beeilen.

Als er das Ufer entlanggehen wollte, sah er zwischen den Stämmen den alten Mann.

Der alte Mann stand still und ging nicht weiter, als fürchte er, die Kinder würden schreien und vor ihm davonlaufen. Er wartete ruhig.

Das Pony wieherte.

Kleiner Bruder versteckte sich hinter einem dicken Stamm. Ein-, zweimal wandte er den Kopf zu dem fremden Mann und schaute schnell wieder weg. Der alte Mann trat zu dem Pony und streichelte es. Kleiner Bruder lief zu ihm. Der alte Mann lächelte. „Kommt!", rief er.

Und Soyi folgte mit dem Wolf in den Armen dem kleinen Bruder.

Sehr langsam ging auch Sinopah näher. Er sprach kein Wort, er lachte nicht wie Soyi und Kleiner Bruder. Er sah den alten Mann an und der alte Mann sah ihn an.

Sinopah vergaß seinen Kummer und alle geheimen Ängste. Der alte Mann war gekommen, sie heimzuholen.

Im Zelt des alten Mannes

Der Präriesturm fegte durch den Wald, bog die Äste und Stämme, dass sie ächzend sangen und klagten unter seiner Gewalt. Der Nachmittag war dunkel wie der Abend. Die Wolken hingen tief vom Himmel. Klatschend schlug der Regen auf das Zelt.

Im Zelt war es warm. Die Kinder kauerten neben dem Feuer und aßen sich satt. Der kleine Wolf schlief. Soyis nasses Kleid war schon wieder trocken.

Sogar das Pony hatte Platz in einem Winkel des Zeltes gefunden. So groß war das Zelt. An den Wänden hingen Matten. Am Boden lagen Lederkissen, Felle und duftende Wacholderzweige.

Kleiner Bruder blinzelte schläfrig in die gelben und roten Flammen.

Zwischen Sinopah und Soyi saß der alte Mann. Er hieß Weiße Wolke. Das ist ein schöner Name, dachte Sinopah.

Sie hatten von dem kleinen See zu dem Zelt im Wald nicht weit gehen müssen. So nahe waren sie dem Lager gewesen und hatten es nicht gewusst.

„Gestern Nachmittag", erzählte Weiße Wolke, „suchte ich vergeblich mein Pferd. Eure Eltern kamen und fragten: ,Wo sind unsere Kinder?' Die Mutter, der Vater und viele Männer aus dem Lager ritten in die Prärie. Die wandernden Büffel hatten aber alle Spuren ausgelöscht. Keiner fand euch. Heute dachte ich daran, dass mein Pony schon oft zum See gelaufen ist. Da ging ich hin und sah euch und das Pony."

Soyi seufzte glücklich. Sie hatte nicht verstanden, wie verlassen sie in der Prärie gewesen waren. Sie hatten sich ein Nest gebaut und sie hatte den kleinen Wolf gefunden. Doch jetzt war es gut, im Zelt des alten Mannes zu sitzen. Allein im Wald, in Regen und Sturm, hätten Soyi und Kleiner Bruder sich gefürchtet.

Kleiner Bruder war eingeschlummert. Soyi drückte den Wolf an sich und schlief ein. Das Klopfen des Regens auf den Zeltwänden machte auch Sinopah schläfrig.

„Du wolltest mir mein Pony wiederbringen",

sagte der alte Mann. „Warum ist es fortgelaufen, Sinopah?"

„Es hat sich losgerissen", murmelte Sinopah, „ein Wolf hat es erschreckt." Er fühlte sich sehr unbehaglich. Er konnte dem alten Mann nicht sagen: „Ich wollte, ich hätte die Geschichte vom Geistermann nie erzählt." Er konnte es nicht sagen, so wenig, wie er eingestehen konnte, dass er das Pony losgebunden hatte. Er schloss die Augen.

Als ihn sein Vater in die Arme nahm, schmiegte er sich an ihn und wachte nicht richtig auf. Der Sturm hatte aufgehört und Vater und Mutter ritten mit

ihren Kindern in den Armen heim zum Lager am Bach.

Das Geschenk des alten Mannes

Am nächsten Morgen schliefen die Kinder lange. Die Mutter ging leise im Zelt umher. Der Vater war nicht auf die Jagd geritten, er wollte bei Sinopah, Soyi und Kleiner Bruder bleiben.

„Wir haben unsere Kinder wieder", sagte die Mutter.

Als Sinopah die Augen öffnete, war das Zelt voller Sonnenlicht. Der Vater hatte die Eingangsdecke zurückgeschlagen. Noch war der Morgen taufrisch. In der Mähne des weißen scheckigen Pferdes hatten sich ein paar Tropfen aus den Büschen gefangen und fielen zu Boden, als es sich schüttelte. Es wieherte ungeduldig.

Sinopah richtete sich auf. Das Pony klopfte mit dem Vorderhuf auf die Erde. Es wollte, dass der Junge endlich zu ihm kam.

Sinopah fuhr sich mit der Hand über die Augen. Er hatte geträumt. Im Traum war er auf dem Rücken des Ponys über die Wiesen geritten.

„Geh zu ihm", sagte der Vater, „du musst nun für das Pony sorgen. Es ist dein Pony. So will es Weiße Wolke."

Sinopah stand auf. Er trat vor das Zelt. Das Pferd trug ein schön gesticktes Halsband. Sinopah legte die Hände auf die weichen Nüstern.

Seine Freunde kamen herbeigelaufen und bewunderten das Pony. Sinopah hätte glücklich sein sollen. Aber seltsamerweise war er nicht glücklich. Er streichelte das Pferd und führte es zur Tränke, aber er ritt nicht auf seinem Rücken durch das Lager.

Soyi, mitten in einer großen Kinderschar, hörte nicht auf, immer wieder ihre Abenteuer zu erzählen. Sinopah erzählte nichts und als es Mittag wurde, aß er nur wenig.

Die Mutter blickte Sinopah an und sagte sich: „Soyi ist noch zu klein. Sie hat nichts verstanden. Sinopah musste die Verantwortung allein tragen, für Soyi und Kleiner Bruder und das Pony. Jetzt ist er noch immer erschöpft ...“

Sie fuhr ihm über das schwarze Haar und sagte: „Mein tapferer Kleiner Fuchs!“

Auch der Vater lobte ihn. Sinopah konnte sich darüber nicht freuen. Es machte ihn traurig. Er wusste jetzt auch, dass er schon lange traurig war. Seit jenem Mittag, als er, oben im Baum versteckt, gesehen hatte, wie der alte Mann den Waschbären fütterte, die Vögel lockte und das Pony streichelte.

Die Mutter sollte nicht sagen, dass er, Sinopah, tapfer sei. Er war nicht tapfer. Sonst würde er ihr und dem Vater alles erzählen. Aber es ging nicht. Die wahren Worte blieben ihm gewiss in der Kehle stecken und nur falsche kämen heraus. Es war besser, er schwieg.

„Ich habe das Pony losgebunden", hätte er eingestehen sollen. „Auf der Wiese bin ich vor dem alten
Mann davongelaufen, weil ich mich fürchtete. Und
dann hatte ich Angst zu sagen, dass ich mich gefürchtet hatte. Da sagte ich, es sei ein Geistermann
gewesen ..."

Die Kinder waren in das Dorf der Kleinen Leute
gelaufen. Soyi und Kleiner Bruder saßen vor ihrem
Zelt und Soyi erzählte den Kleinen Leuten, ihren
Puppen: „... so viele Büffel kamen. Zehn und zehn
und zehn und noch mehr ... Ganz groß war der
Mond, so groß ..."

Sinopah führte das Pony auf die Weide. Auf der
Wiese waren sie allein. Versteckt hinter Weidensträu-
chern, rann der Bach. Man hörte die Stimmen der
spielenden Kinder nicht. Halme und Blumen glänzten, gewaschen vom Regen.

Das Pony begann zu weiden. Sinopah hockte im
Gras. Es wurde Nachmittag. Das Pony kam zu ihm
und blieb bei ihm stehen. „Ich mag dich nicht mehr",
sagte er, „ich will dich nicht haben."

Er nahm die Leine in die Hand und führte das
Pony in den Wald.

Sinopah sah sich nicht um. Einmal wieherte das
Pony und das mochte er gar nicht hören. Am liebsten
hätte er sich die Finger in die Ohren gestopft, um das
leichte Schnauben und das leichte Trappen der Hufe
nicht zu hören.

Der alte Mann war nicht in seinem Zelt und nicht
auf der Lichtung. Sinopah war froh, dass er nicht hier

war. Er band die Leine an eine der Zeltstangen und wollte fortgehen, als jemand seinen Namen rief.

Der alte Mann kam aus dem Wald und fasste Sinopah an der Hand, bevor er weglaufen konnte. „Ich habe dir das Pony geschenkt", sagte er.

Sinopah starrte auf den Boden.

„Willst du es nicht haben?", fragte der alte Mann.

Sinopah schwieg.

„Magst du das Pony nicht?"

„Nein", sagte Sinopah.

„Ich glaubte", sagte der alte Mann, „dass du mein Pony gern hast. Aber wenn das nicht so ist, muss es wohl bei mir bleiben. Das ist traurig. Ich bin ein alter Mann und mein Pony ist jung. Es will über die Wiesen traben und es will nicht stillstehen beim Zelt eines alten Mannes. Es ist ein Pony für einen Jungen."

Sinopah warf einen verstohlenen Blick auf das Pony. Es war wirklich ein Pony für einen Jungen. Es konnte nicht stillstehen. Es scharrte mit den Vorderhufen und schüttelte die Mähne. Sinopah wünschte, noch einmal seine Hand in die dicke Mähne zu graben. Und da stand er schon neben dem Pony und grub seine Hand in die Mähne.

Und dann wollte er rufen: „Pony, du bist mein Pony! Ich will kein anderes Pferd haben. Ich will nur dich haben."

Das wollte er sagen. Aber stattdessen erzählte er dem alten Mann alles. Die richtigen Worte kamen auf seine Lippen und kein einziges falsches. Und als er das getan hatte, war er nicht mehr traurig.

Er freute sich, dass der Vater ihn gelobt hatte. Er freute sich, dass er tapfer gewesen war, als er sich mit Soyi und Kleiner Bruder in der Prärie verirrt hatte.

Der alte Mann sagte: „Ich bin froh!" Sicher sagte er es deshalb, weil er jetzt wusste, warum die Kinder vor ihm davongerannt waren. „Ich bin froh", sagte Weiße Wolke noch einmal, „dass mein Pony nun dein Pony ist." Und er band das Pony los und drückte Sinopah die Leine in die Hand.

Das Pony trabte durch den Wald. Das Pony mit Sinopah auf dem Rücken trabte in die blühende Wiese hinein. Über den Grashügel kamen Soyi, Kleiner Bruder, der Wolf und alle Kinder.

Soyi rief: „Der Vater sagt, Weiße Wolke soll sein Zelt in unserem Lager aufstellen."

„Ja", riefen alle Kinder, „er soll sein Zelt in unserem Lager aufstellen!"

Sinopah saß oben auf seinem Pony. Die Köpfe seiner Freunde reichten ihm nur bis zu den Knien. Er schaute auf sie hinab. „Ich war es, der Weiße Wolke im Wald gefunden hat", sagte er. „Mir hat er sein Pony geschenkt."

Und er musste hinzufügen, er konnte einfach nicht anders: „Und nun wird er mein Großvater! So ist es!"

DER KLEINE BIBER UND SEINE FREUNDE

Das Abenteuer des kleinen Bibers

An einem kleinen See in den großen Wäldern lebte eine Biberfamilie. Vater und Mutter Biber hatten ihr Heim im Wasser nahe am Ufer aus Ästen, Zweigen und Lehm gebaut. Ihre drei Kinder waren kleine Pelzbällchen und jedes hatte einen kleinen Schuppenschwanz. Sie schliefen oder spielten oder fraßen zarte Blätter und dünne Rinde.

Der Kleinste der jungen Biber war der Mutigste. Stets wollte er Vater und Mutter nachlaufen, wenn diese das Haus verließen. Aber erst als die Biberkinder drei Wochen alt waren, durften sie aus der warmen, schützenden Höhle im Biberheim ins Freie. Die Mutter führte sie.

Die kleinen Biber fanden es herrlich, im See herumzuschwimmen. Das Wasser war klar und blau. Am Ufer wuchsen hohe Bäume, die sich im See spiegelten. Kleine und große Vögel flogen über die spielenden Biberkinder. Bunte Enten suchten im Schilf nach Futter.

Neugierig wollte der Kleinste von der Mutter fort, aber sie holte ihn wieder zurück. Sie wachte besorgt über ihre schwachen, schutzlosen Kinder. Viele wilde Tiere, die stets hungrig waren, kamen aus dem Wald: Wölfe, Füchse und Bären. Nicht weit vom See entfernt hatte ein Luchs, dieser Feind aller kleinen Biber, in einem alten Baum seinen Schlupfwinkel.

Doch schon am nächsten Tag verließ der Kleinste seine Brüder, die im Wasser spielten, und schwamm von ihnen fort zum Ufer. Es war dunkel unter den großen Bäumen. Die Zweige rauschten geheimnisvoll. Der kleine Biber stolperte über die dicken, moosbewachsenen Wurzeln. Er steckte die kleine Nase neugierig unter jeden Strauch.

Plötzlich entstand große Aufregung im Wald. Die Vögel flogen auf, die Hasen flüchteten in ihre Verstecke. Der kleine Biber schaute verwundert um sich. Er verstand nicht, was geschehen war.

Die Mutter aber wusste, was all dies bedeutete. Der Luchs war auf die Jagd gegangen. Sie rief ihre Kinder in das schützende Haus zurück. Doch nur zwei kamen. Angsterfüllt schwamm die Mutter im See herum und suchte nach ihrem Kleinsten.

Dieser hörte ihre Stimme. Er saß noch immer im weichen Moos, voll Staunen über das, was im Wald vor sich ging. Ein junger Hirsch eilte an ihm vorüber. Da begann er, sich zu fürchten. Sein kleines Herz klopfte. Er wollte zum See zurück. Aber mit seinen kurzen Beinen konnte er nicht schnell laufen. Er fiel in alle Erdlöcher und alle Zweige und Äste versperrten ihm den Weg. Kläglich begann er nach seiner Mutter zu rufen. Und sie kam, um ihn zu beschützen. Sie war bereit, für ihr Kind gegen den Luchs zu kämpfen, der um so vieles stärker war als sie.

Denn auch der Luchs hatte das Schreien des kleinen Bibers gehört. Aber als er den See erreichte, tauchten das Biberjunge und seine Mutter schon in ihr Haus.

Der Luchs lief am Ufer hin und her und blickte gierig auf die Biberburg aus Ästen und Lehm, in die er nicht eindringen konnte. Er sprang auf einen Baum, legte sich auf einen großen Ast und wartete. Doch die Mutter ließ ihre Kinder nicht mehr aus dem Haus. Da kehrte der Luchs in den Wald zurück.

Von diesem Abenteuer an war auch der Kleinste der Biber folgsam wie seine Brüder. Er war zwar noch immer neugierig und stets aufgelegt zu dummen Streichen, aber wenn die Mutter rief, kam er sofort.

Der große Regen

Eines Tages im Frühling begann der große Regen. Es regnete vom Morgen bis zum Abend und es regnete in der Nacht. Es regnete viele Tage. Die Wolken hingen dick am Himmel. Man konnte die Sonne nicht sehen und nicht den Mond und die Sterne. Das Wasser im See stieg immer höher. Die kleinen Biber durften nicht mehr aus ihrer Burg. Im Schilf am Ufer klagten die Entenmütter, denn die großen Wellen trugen ihre Nester mit den braun- und grüngefleckten Eiern fort.

Das Wasser wurde wild und ungestüm. Es nahm Äste und Lehm vom Haus der Biber fort und riss große Löcher in die Wände. Da wussten die Bibereltern, dass ihre Kinder in Gefahr waren. Sie wussten: Das Wasser wird in unser Heim eindringen, unsere Kleinen werden ertrinken. Vorsichtig fasste die Mutter eines ihrer Kinder, hielt es mit den Vorderpfoten fest und schwamm mit ihm aus dem Haus zu einer Insel im See. Der Vater folgte mit dem zweiten.

Der Kleinste der Biber blieb allein zurück. Er saß in der Höhle, die sich immer mehr mit Wasser füllte, und wartete auf seine Mutter. Das Brausen wurde lauter. Der Kleine begann ängstlich nach seiner Mutter zu schreien.

Aber die Mutter erreichte das Biberheim nicht mehr. Als sie sich von der Insel wieder in den See stürzte, um auch ihren Kleinsten zu retten, hatte das

Wasser bereits das Haus zerstört. Die braunen, großen Wellen packten den kleinen Biber und trugen ihn fort. Der Bach, der aus dem See herausrann, war ein reißender Fluss geworden.

Tapfer kämpfte der kleine Biber um sein Leben. Aber bald wurde er sehr müde. Kaum konnte er den Kopf über Wasser halten. Immer weiter und weiter entführte ihn der Bach, fort vom See, von seinen Eltern und seinen Brüdern.

Der kleine Biber suchte vergeblich das Ufer zu erreichen. Er war nun so schwach, dass er nicht mehr schwimmen konnte. Da blieb er in den Zweigen eines großen Baumes hängen, der in das Wasser gefallen war. Mit seinen letzten Kräften kroch er auf den Stamm. Er schloss die Augen. Unaufhörlich strömte

der Regen nieder. Der kleine verlassene Biber wusste nichts mehr von den Gefahren. Sein Atem ging kaum mehr, wie leblos lag er auf dem Baum.

Endlich hörte der Regen auf. Der Wind kam und schob die Wolken beiseite. Die Sonne trocknete die nassen Bäume, das Moos, die Sträucher und die Gräser.

Während des großen Regens war der Luchs in seiner Höhle geblieben. Nun kletterte er auf einen Ast und wärmte sich. Er war sehr hungrig. Er sprang von seinem Baum und streifte durch den Wald. Als er den Bach erreichte, entdeckte er den kleinen Biber.

Der Luchs blieb stehen. Seine gelben Augen funkelten. Lautlos lief er näher und schon wollte er den wehrlosen Biber mit seinen Tatzen töten, da kamen

ein kleiner Indianer und ein kleines Indianermädchen am Ufer des Baches entlang.
Der Luchs fürchtete sich vor den Menschen, er duckte sich und floh in den Wald zurück.

Die Indianerkinder

Der kleine Indianer trug ein Hemd aus Leder und eine Hose aus Leder. Er hieß Kleiner Bär. Seine Schwester hatte zwei schwarze Zöpfe und ein rotes Band im Haar. Sie wurde Rotkehlchen genannt – Opeki –, so sagen die Indianer in ihrer Sprache.

Die Indianerkinder wohnten am Ufer des Baches in einem Zelt aus Birkenrinde. Das hatte ihr Vater gebaut. Er war ein Jäger. In den großen Wäldern gab es viele Tiere. Jeden Morgen verließ der Vater das Zelt und ging auf die Jagd, damit seine Familie nicht hungern musste.

Die Mutter kochte, nähte die Kleider und hielt das Zelt sauber. Opeki und Kleiner Bär hatten keine Spielkameraden. Viele, viele Tage musste man wandern, bis man zum nächsten Dorf kam. Ganz allein lebte die Indianerfamilie in dem großen Wald.

Opeki wünschte sich daher eine kleine Schwester, und Kleiner Bär wollte einen Bruder haben.

Es war ihnen zwar niemals langweilig. Opeki und ihr Bruder gingen in den Wald und spielten miteinander und waren die besten Freunde. Jeden Tag entdeckten sie etwas Neues. Sie sahen viele bunte Vögel, Hirsche, Eichhörnchen und andere Tiere. Dennoch, ganz insgeheim, wünschte das kleine Mädchen sich immer eine Schwester!

Opeki war es, die den Biber in den Zweigen des Baumes liegen sah. Der Luchs war so schnell davongelaufen, dass die Kinder ihn nicht bemerkt hatten.

„Ein Biber!", rief das Mädchen.

„Er ist tot!", sagte Kleiner Bär.

Opeki hatte Mitleid mit dem ertrunkenen Biberkind. Sie beugte sich nieder, nahm es in ihre Hände und streichelte das nasse Fell. Da spürte sie, ganz schwach, das Klopfen des kleinen müden Herzens.

„Er ist nicht tot", sagte Opeki.

„Er ist tot!", behauptete Kleiner Bär noch einmal. Opeki schüttelte den Kopf, hielt ihm den Biber hin, und als Kleiner Bär sein Ohr an den Körper des Tieres legte, hörte auch er das Schlagen des Herzens. Zuerst war es ihm gar nicht recht. Wie manche Jungen glaubte er, klüger zu sein als seine Schwester. Und er hatte gesagt, der Biber sei tot! Aber dann freute er sich mit Opeki, dass sie ein Biberkind gefunden hatten. Opeki wärmte es mit ihrem Atem und hielt es fest in den Armen, damit es nicht frieren musste. Es war so klein und schutzlos und schwach!

„Wir wollen heimgehen", sagte der Indianerjunge.

Als sie das Zelt durch die Zweige der Bäume erblickten, fing Opeki zu laufen an. Sie konnte es nicht erwarten, den kleinen Biber der Mutter zu zeigen. Die Mutter nähte ein Hemd für den Vater. „Kleiner Bär und ich, wir haben einen Biber gefunden", berichtete Opeki atemlos. Sie kniete sich neben der Mutter nieder und legte das Biberkind auf ein Kissen aus weichen Kaninchenfellen. Sein Pelz war nun schon fast trocken und sein Herz schlug kräftiger, aber es hatte die Augen noch geschlossen und die Glieder waren matt und schlaff. Opeki fuhr mit den Fingern über das Fell. Wie klein waren der Schuppenschwanz und die Füße und der Kopf!

„Er soll bei uns bleiben!", rief Opeki und blickte die Mutter bittend an.

Die Mutter nickte. „Ja, ihr dürft Amik behalten", sagte sie. Amik, so nennen die Indianer den Biber, und das war von nun an der Name des kleinsten Bibers aus dem Biberhaus am See.

Opeki und ihr Bruder sammelten dünne, junge Zweige, schälten die zarte Rinde davon ab und legten sie neben den kleinen Biber, damit er, wenn er wach wurde, gleich Futter fand. Die Mutter machte einen Brei aus Reiskörnern. In der Heimat von Opeki und Kleiner Bär, in den großen Wäldern im Norden von Amerika, wächst in den Seen der wilde Wasserreis. Die Indianer bauen keine Felder an, sie fahren mit ihren Booten auf einen See und sammeln die Körner.

Opeki gab den Reisbrei auf einen Teller aus Birkenrinde und stellte ihn nahe zu Amiks kleinem Maul.

Als es Abend wurde, wachte Amik auf. Alles war hier so merkwürdig und roch anders als im Biberhaus. Seine Brüder waren nicht hier und er fand seine Eltern nicht. Aber Amik war furchtlos. Er schnupperte neugierig an dem Kaninchenfell, stieß mit seiner Nase an Opekis Kleid und dann fiel er auf seiner Entdeckungsreise in den Birkenrindenteller. Opeki hob Amik auf und wischte den Reisbrei von seinem Fell. Sie legte ihn in ihren Schoß und strich mit den Fingern den Brei in sein kleines Maul. Zuerst schüttelte sich Amik kräftig und wollte das ungewohnte Futter nicht schlucken, aber dann merkte er, dass Reisbrei genauso gut den Hunger stillt wie die Milch der Mutter.

„Seht, seht", rief Opeki, „er hat keine Angst vor uns!" Da fielen die Augen Amiks auch schon wieder zu und er schlief in Opekis Schoß ein.

Opeki hielt sich ganz still, um Amik nicht zu wecken. Bald kam der Vater heim. Kleiner Bär eilte ihm entgegen und rief laut: „Wir haben einen Biber gefunden! Komm und sieh, Vater!" Auch im Zelt machte Kleiner Bär noch viel Lärm. Er erzählte voll Eifer, was geschehen war. Opeki schüttelte vorwurfsvoll den Kopf. „Du darfst nicht so schreien, Kleiner Bär!", sagte sie. „Amik schläft. Du wirst ihn aufwecken!"

Es war sehr gemütlich im Zelt. Am Boden lagen Kaninchenfelle und weiches trockenes Moos. Das Feuer brannte. Der Vater rauchte seine Pfeife.

Der Nachtwind strich durch die Bäume des Waldes. Der Himmel war schwarz. Die Sterne schienen. Der

Vater, die Mutter, Kleiner Bär und Opeki wurden müde und gingen schlafen.

Opeki legte Amik neben sich und deckte ihn mit einem Kaninchenfell zu. Amik wachte auf und stieß leise klagende Töne aus. Opeki streichelte ihn und der kleine Biber war getröstet und schlief ein, dicht an sie geschmiegt.

‚Ich habe einen Biber. Er ist so schwach. Er liebt mich', dachte Opeki. Die Augen fielen ihr zu. ‚Es ist, als ob ich eine kleine Schwester hätte ...', und da war sie auch schon eingeschlafen.

Der Kampf mit der Eule

In den ersten Tagen vermisste Amik seine Eltern und Brüder. Er lief im Zelt herum und schrie kläglich nach ihnen. Aber Opeki oder Kleiner Bär oder die Mutter nahmen ihn in ihre Arme und streichelten ihn und Amik wurde wieder ruhig. Allmählich vergaß er sein früheres Leben im Biberhaus, er war ja noch so klein gewesen, als ihn das Wasser fortgetragen hatte. Sein Heim war nun das Zelt am Bach, die Indianerkinder und ihre Eltern wurden seine Familie.

Alle liebten ihn. Er kletterte auf die Schultern der Mutter, wenn sie am Boden saß und nähte. Er nagte an Opekis Fingern oder zog sie am Ohrläppchen, bis

sie sich vor Lachen schüttelte. Wenn Kleiner Bär das Zelt verließ, lief er ihm nach. Er wollte immer dort sein, wo Opeki und Kleiner Bär waren, auch wenn sie in den Wald gingen.

Der Vater rief daher Opeki und Kleiner Bär zu sich. Er sagte: „Ihr dürft Amik im Wald nicht allein lassen. Er ist noch zu klein. Es gibt viele Tiere, die ihn fressen möchten. Wolf, Luchs und Eule sind seine Feinde."

Opeki streichelte Amik. „Er bleibt aber nicht bei uns, wenn wir im Wald sind. Alles will er immer ansehen!", klagte sie.

Die Mutter trat zu ihr. Sie sagte: „Opeki, wir wollen einen Korb für deinen Biber machen. Darin wird er sicher sein und er kann euch nicht fortlaufen."

Opeki nickte eifrig. Kleiner Bär brachte Birkenrinde und daraus nähte sie einen festen Korb mit einem Deckel. Es war eine mühsame Arbeit und Opeki stach sich oft in den Finger. Wenn es zu schwierig war, half ihr die Mutter.

Die Rinde der Birken ist für die Indianer in den großen Wäldern im Norden sehr wertvoll. Aus Birkenrinde, die sie mit Erlenblättersaft gelb färben, bauen sie ihre Zelte, sie machen Boote daraus, Teller, Schüsseln und noch vieles andere.

Endlich war Opekis Korb fertig. „Dürfen wir jetzt mit Amik in den Wald gehen?", fragte sie.

„Ja", antwortete die Mutter, „spielt aber nicht nur, sondern bringt mir auch einen Korb voll Erlenblätter mit, Opeki!"

Opeki versprach, viele Blätter zu sammeln. Sie setzte Amik in den neuen Korb. Der Biber steckte neugierig seine Nase in alle Ecken, dann wollte er wieder herausklettern. Aber Opeki drückte ihn sanft zurück. „Du musst im Korb bleiben, Amik", sagte sie, „sonst fängt dich eine Eule oder ein Fuchs frisst dich." Und sie klappte den Deckel über Amiks Kopf zu.

Opeki und Kleiner Bär gingen in den Wald. Opeki trug in der einen Hand den Rindenkorb, in dem Amik saß, in der anderen einen Korb für die Blätter, die sie sammeln mussten. Kleiner Bär hatte seinen Bogen und seine Pfeile mit. Nicht weit vom Bach entfernt gab es eine große Lichtung im Wald. Steine lagen dort, dick mit grünem Moos bewachsen. Unter den Sträuchern wuchsen kleine bunte Blumen. Opeki hob den Deckel von Amiks Korb und ließ ihn herausklettern. Kleiner Bär brach Zweige für ihn.

Der Biber nahm einen der Zweige in seine Vorderpfoten und fraß die zarten Blätter. Dann nagte er auch die Rinde herunter. Die Kinder setzten sich ins Moos und sahen ihm zu. Opeki sagte: „Wir wollen zuerst die Blätter sammeln und nachher mit Amik spielen." Aber Kleiner Bär hatte keine Lust, ihr zu helfen. Opeki wurde böse. „Die Mutter hat gesagt, wir müssen Erlenblätter sammeln!", rief sie.

Kleiner Bär stellte sich vor Opeki und hielt ihr seinen Bogen und die Pfeile entgegen. Er sagte großspurig: „Das ist Mädchenarbeit! Ich werde dich und Amik vor den Bären und Wölfen beschützen. Ich bin sehr stark, Opeki. Du kannst die Blätter sammeln gehen und du brauchst keine Angst zu haben!"

Nun hatte Opeki gar keine Angst vor den Bären und Wölfen. Die wilden Tiere des Waldes fürchten die Menschen und laufen vor ihnen davon. Nur im Winter, wenn sie keine Nahrung finden können, werden sie gefährlich. Aber Kleiner Bär sah wirklich sehr tapfer und stark aus. Und musste auch Opeki manchmal mit ihm streiten, so war sie doch stolz auf ihren Bruder.

„Gut", sagte sie, „bleib hier und beschütze Amik. Du darfst ihn nicht allein lassen."

„Sie sollen nur kommen, die Bären und Wölfe!", rief Kleiner Bär herausfordernd. „Ich werde sie mit meinen Pfeilen verjagen!" Er sprang auf einen Stein und blickte umher und wünschte, ein wildes Tier sollte aus dem Wald treten.

Opeki streichelte Amik und lief dann zum Wald, um Erlenblätter zu suchen. Kleiner Bär wollte mit Amik spielen, aber der Biber war müde, kroch in seinen Korb und schlief ein. Bald wurde es dem Jungen langweilig. Er legte den Deckel auf den Korb und befestigte ihn.

Kleiner Bär blickte umher. Er sah die Schwester nicht mehr. Es war sehr still auf der Lichtung. Nur die Stimmen der Vögel waren zu hören. Kleiner Bär nahm seinen Bogen und die Pfeile und ging in den Wald. Die flinken, kleinen, roten Eichhörnchen liefen an den Stämmen auf und ab oder sprangen von einem Ast zum andern. In den Büschen flatterten viele Meisen, Finken und Drosseln umher und suchten Futter. Ein rotköpfiger Specht hämmerte mit seinem starken Schnabel auf die Rinde eines großen Baumes. Es gab so viel zu sehen, dass Kleiner Bär den schlafenden Biber vergaß.

Die Sonne wanderte immer weiter auf ihrer Reise am Himmel und bald verschwand sie hinter den Wipfeln der Bäume. Die Dämmerung kam. Amik wachte in dem Rindenkorb auf. Mit seiner dünnen Stimme rief er nach seinen Freunden, aber weder Opeki noch Kleiner Bär konnten ihn hören. Ungeduldig stieß er mit dem Kopf so lange gegen die Wände des Korbes, bis dieser umfiel und der Rindendeckel sich beiseite schieben ließ. Amik kroch aus seinem schützenden Versteck. Neugierig lief er zwischen den moosbewachsenen Steinen umher und ging auf Entdeckungsreise.

In den großen Wäldern aber, dort, wo die Bäume am dichtesten standen, wohnte eine alte Eule. Als die Sonne untergegangen war, öffnete sie ihre gelben Augen. Niemand sieht in der Dämmerung und Dunkelheit besser als sie. Jetzt war die Stunde ihrer Jagd gekommen. Sie breitete die großen Flügel aus und flog lautlos davon.

Opeki hatte ihren Korb mit Blättern gefüllt. ‚Kleiner Bär und ich‘, dachte sie, ‚wir müssen heimgehen, bevor die Nacht kommt.‘

Die Eichhörnchen waren zu ihren Nestern zurückgekehrt und die Vögel sangen nicht mehr. Amik saß mitten auf der Lichtung im Wald, er hielt einen Zweig in den Vorderpfoten und fraß die Rinde und die Blätter.

Die alte Eule entdeckte ihn auf ihrer Jagd. Sie streckte die scharfen Krallen der Füße weit heraus und stürzte sich hinab auf den kleinen Biber.

Amik hörte das Schlagen ihrer Flügel nicht, aber als ihr großer schwarzer Schatten dicht über ihm war, fühlte er die Gefahr. Er drehte sich um und floh, so schnell er konnte.

Die Eule verfehlte ihn bei ihrem ersten Angriff. Sie stieg sofort wieder auf, um ein zweites Mal auf den Biber herabzufliegen. Vergeblich suchte Amik nach einem schützenden Loch im Boden, nach einem dichten Strauch oder einem gestürzten Baumstamm, unter dem er sich verbergen konnte. Es gab keinen Ausweg. Da blickte er der Eule entgegen, zeigte seine kleinen Zähne und erwartete den Raubvogel mit dem harten spitzen Schnabel und den gefährlichen Krallen, er, der kleine Biber! Aber er war tapfer, er wollte um sein Leben kämpfen.

Kleiner Bär war aus dem Wald zurückgekommen. Er sah die Eule und blieb stehen. Sein Herz klopfte wild. Ach, wäre er niemals von Amik fortgegangen! Hätte er ihn doch niemals allein gelassen! Er hob seinen Bogen und spannte ihn mit aller Kraft. Als die Eule ihre Krallen nach Amik ausstreckte, traf sie der Pfeil des Jungen am Flügel.

Die Eule erschrak und ließ von Amik ab. Kleiner Bär schrie und klatschte in die Hände, um sie zu verjagen. Und die alte große Eule hatte vor dem kleinen Jungen Angst und flog davon.

Opeki kam herbeigelaufen, riss den Biber an sich,

streichelte ihn und die Tränen rannen über ihr Gesicht. Sie konnte sich nicht beruhigen. ‚Warum‘, dachte Kleiner Bär, ‚müssen Mädchen immer gleich weinen? Wenn ich doch nur einen Bruder hätte!‘ Er sagte stolz: „Die Eule hat sich vor mir gefürchtet!“

Opeki schluchzte: „Du bist von Amik fortgegangen!“

„Er hat geschlafen“, verteidigte sich Kleiner Bär, „und ich habe die Eule gleich verjagt!“ Aber, wenn er es auch nicht zugeben wollte, so schämte er sich doch. Am Morgen hatte er dem Vater versprochen, Amik im Wald nicht allein zu lassen.

Die Schwester wischte sich die Tränen fort, setzte Amik in den Rindenkorb und schloss den Deckel.

„Opeki“, bat Kleiner Bär, „wir wollen dem Vater und der Mutter nichts davon sagen!“ Und er war froh, als sie nickte.

Sie gingen heim. Die Mutter wartete schon auf sie und bald kam auch der Vater. Sonst erzählten Opeki und Kleiner Bär ihre Abenteuer im Wald. Sie erzählten von den Vögeln und anderen Tieren, die sie gesehen hatten. Aber an diesem Abend schwiegen beide. Dem Jungen, der immer so hungrig war, schmeckte das Essen gar nicht. Manchmal blickte er verstohlen auf seine Schwester, ob sie auch wirklich nichts davon sagen würde, dass er Amik allein gelassen hatte.

Die Mutter löschte das Feuer und breitete die Decken für die Kinder aus. Amik schlief schon. Kleiner Bär hielt es nicht mehr aus. Er sagte: „Eine Eule

wollte Amik fressen!" Dann wickelte er sich schnell in seine Decke und tat so, als schliefe er schon.

Opeki richtete sich auf und sagte auch: „Eine Eule wollte Amik fressen!" Sie fühlte sich viel besser, dass Kleiner Bär zu reden angefangen hatte! Es war so schwierig, dem Vater und der Mutter etwas zu verschweigen.

„Ja", sagte Kleiner Bär und er sah den Vater nicht an, „es war eine große Eule!"

„Ich habe nämlich Blätter gesammelt", berichtete Opeki.

„Ich", sagte Kleiner Bär, „bin in den Wald gegangen."

Der Vater fragte: „Habt ihr Amik allein gelassen?" Kleiner Bär nickte. Er erzählte, was geschehen war.

Der Vater setzte sich zu seinen Kindern und sagte: „Kleiner Bär, Opeki, ihr habt Amik in unser Zelt gebracht. Ihr spielt mit ihm, und er ist euer Freund. Nun müsst ihr ihn beschützen und für ihn sorgen, bis er erwachsen ist."

Der kleine Bruder

In einem Winkel des Zeltes lag, unter Fellbündeln und Decken, eine Tragwiege aus Birkenrinde. Kleiner Bär und Opeki hatten darin geschlafen, als sie ganz kleine Kinder gewesen waren.

Eines Morgens holte die Mutter die Wiege hervor, trug sie zum Bach und wusch sie. Dann stellte sie die Wiege in die Sonne zum Trocknen. Die Wiege war gelb bemalt. In den vielen Jahren aber, in denen der Vater und die Mutter sie offenbar vergessen hatten, war die Farbe blass und unscheinbar geworden.

Der Vater bereitete aus den Erlenblättern einen gelben Saft und sagte zu Opeki und Kleiner Bär: „Wir wollen unsere Wiege wieder schön machen!" Die Kinder kauerten sich neben ihm ins Gras nieder und sahen zu, wie er die Birkenrinde färbte. „Warum", wollte Opeki wissen, „wird die Wiege neu bemalt? Wird es ein Bett für Amik?" Der Vater schüttelte den Kopf. Er tat sehr geheimnisvoll. „Nein, es wird kein Bett für Amik. Jemand anderer, den du noch viel mehr lieben wirst, Opeki, wird darin schlafen."

Opeki streichelte Amik. „Oh", lachte sie, „es gibt niemand, den ich mehr lieb haben werde als Amik!" Kleiner Bär aber begann zu raten. „Ein junger Hund – ein kleiner Hirsch – eine kleine Katze?" Aber immer sagte der Vater nein.

„Stellen wir die Wiege wieder ins Zelt", sagte

Opeki schließlich. „Wir haben Amik und wir brauchen niemand anderen."

Die Mutter war zu ihnen getreten und legte die Hand auf Opekis Schulter. „O doch!", sagte sie. „Wir wollen die Wiege schmücken. Denn, Opeki, Kleiner Bär – ihr werdet einen kleinen Bruder oder eine kleine Schwester bekommen."

„Eine kleine Schwester?", rief Opeki.

„Einen kleinen Bruder?", rief Kleiner Bär.

Und Opeki sprang mit Amik in den Armen um Vater und Mutter herum und rief immer wieder „Eine kleine Schwester!" – bis sie ganz atemlos geworden war.

Nachdem der Vater die Wiege neu bemalt hatte, ging Opeki mit Amik in den Wald. An dem blauen Himmel hing die Sonne und ließ ihr Licht und ihre Wärme auf den großen Wald herabfallen. Im Gebüsch und in den Zweigen der Bäume sangen unzählige Vögel. Es gab solche mit einem einfachen grauen oder braunen Federkleid, andere wieder hatten grüne, blaue oder rote oder gelbe Federn. Auf dem Ast einer großen Tanne spielte ein Eichhörnchen.

Opeki setzte den Biber ins Moos und kauerte sich neben ihn. „Amik", sagte sie, „ich bekomme eine kleine Schwester. Ich werde mit ihr spielen. Du darfst sie nicht beißen oder stoßen. Verstehst du?"

Amik saß auf seinen Hinterbeinen und sah Opeki an, als verstünde er alles, was sie ihm erzählte. Opeki legte ihre Arme um ihn und sang vergnügt: „Eine kleine Schwester – eine kleine Schwester – eine kleine Schwester ..."

Da sprang aus dem Gebüsch Kleiner Bär heraus, stellte sich vor Opeki und Amik und spottete: „Eine kleine Schwester – eine kleine Schwester! Bist du aber dumm. Die Mutter wird uns einen kleinen Bruder bringen, ganz gewiss!"

„Du hast gelauscht!", rief Opeki böse.

Kleiner Bär aber sagte: „Gelauscht? Du hast geschrien, dass man es überall im Wald hören kann."

Opeki sprang auf. „Ich habe nicht geschrien", sagte sie, „und die Mutter bringt uns ein kleines Mädchen!"

„Wir brauchen kein Mädchen", erwiderte Kleiner Bär verächtlich. „Ich will einen Bruder haben. Er soll mit mir auf die Jagd gehen."

„Ha", sagte Opeki und sie wurde rot im Gesicht, „du kannst reden, so viel du willst, es wird doch eine Schwester."

„Ein Bruder!", rief Kleiner Bär.

„Eine Schwester!", rief Opeki noch lauter, und beide schrien aufeinander ein: „Ein Bruder – eine Schwester!" Das Eichhörnchen bekam Angst und flüchtete, die Vögel flogen auf und Amik ließ sich vor Erstaunen auf den Rücken fallen.

„Ich werde nie wieder mit dir reden! Und ich werde auch nie wieder mit dir spielen!", beteuerte Opeki atemlos. Sie hob Amik auf und lief zum Zelt. Kleiner Bär ging zornig in den Wald.

Die Mutter saß vor dem Zelt und nähte eine Decke für die Wiege. Opeki kniete sich neben ihr auf den

Boden und sprach kein Wort. Ein Rotkehlchen kam und suchte Futter im Gras und im Wald gurrten die Tauben. „Ich möchte eine kleine Schwester", sagte Opeki nach einer langen Zeit. Die Mutter fuhr mit den Händen über die weichen Felle. „Weißt du", meinte Opeki eifrig, „ich brauche eine Schwester zum Spielen."

„Kleiner Bär spielt doch immer mit dir, Opeki", antwortete die Mutter.

Opeki wollte der Mutter nicht davon erzählen, dass sie nie wieder mit Kleiner Bär spielen würde. Das war ein Geheimnis. Den ganzen Nachmittag dachte Opeki daran, dass sie den Bruder nicht mehr lieb hatte. Sie lief zum Bach, wenn er im Zelt war, und versteckte sich im Zelt, wenn er zum Bach ging. Kleiner Bär aber schien den großen Streit vergessen zu haben. Ja, er suchte bunte Vogelfedern im Wald und schenkte sie Opeki.

Opeki beschloss, dem Bruder nicht mehr böse zu sein und wieder mit ihm zu spielen.

Dann kam der Tag, an dem der Vater am Morgen nicht auf die Jagd ging, sondern bei der Mutter daheim blieb. Opeki, Kleiner Bär und Amik wanderten wie immer in den Wald. Als sie zu Mittag zurückkamen, trat ihnen der Vater entgegen. „Kommt in das Zelt", sagte er, „aber seid leise und macht keinen Lärm. Der kleine Bruder schläft und die Mutter ist sehr müde."

Kleiner Bär blieb stehen und blickte stolz auf Opeki. „Ich wusste es", rief er, „es ist ein Bruder! Wir brauchen kein Mädchen."

„Es ist eine Schwester?", fragte Opeki stockend und sie blickte den Vater flehend an.

Der Vater schüttelte lächelnd den Kopf. Er wusste nichts vom Streit der beiden. Er sagte: „Es ist ein kleiner hübscher Bruder. Und Opeki wird ihn lieben."

„Nein", rief Opeki, „niemals! Ich will keinen kleinen Bruder!" Und sie schloss Amik fest in die Arme und lief in den Wald. Sie sprang über die moosbedeckten Steine und kletterte über die gestürzten, morschen Bäume. In einem dichten Gebüsch verbarg sie sich, legte sich auf den Boden und weinte. Sie schmiegte ihre tränennassen Wangen an Amiks Fell. „Du bist der Einzige, der mich lieb hat", schluchzte sie. „Kleiner Bär ist böse. Die Mutter hat uns einen kleinen Bruder gebracht und sie wusste doch, dass ich eine Schwester möchte. Ich will nie wieder in das Zelt gehen, nie wieder!"

Da beugte sich plötzlich der Vater über sie. Er sagte: „Opeki!"

Aber Opeki wollte ihn nicht ansehen. Sie presste ihr Gesicht ins Moos und schluchzte noch viel mehr. Der Vater setzte sich neben sie nieder und sagte: „Deine Mutter und ich, Opeki, wir sind sehr froh, dass wir einen kleinen Sohn haben."

Opeki blickte nicht auf. „Warum", stieß sie hervor, „hat uns die Mutter nicht ein Mädchen gebracht?"

„Die kleinen Kinder werden uns geschenkt, Opeki. Wir müssen dafür dankbar sein, ob es nun eine Schwester oder ein Bruder ist."

Opeki fuhr sich mit den Händen über die rot geweinten Augen. „Hätte die Mutter", fragte sie, „ein kleines Mädchen genauso lieb gehabt wie den kleinen Bruder?"

Der Vater nickte.

Opeki war halb getröstet. Der Vater nahm sie bei der Hand und führte sie zum Zelt zurück. Amik lief hinter ihnen her und schleppte einen Zweig voll grüner, saftiger Blätter, den er im Gebüsch gefunden hatte.

Die Mutter lag noch auf ihrem Bett aus weichen Fellen. Sie sah sehr müde aus. Neben ihr in der Wiege schlief der kleine Bruder. Zögernd trat Opeki näher. Der kleine Bruder war so klein! Sein Gesicht war braun. Er hatte dünne kurze Haare. Seine Hände waren winzig. Opeki wagte kein Wort zu sagen. Vorsichtig strich sie mit ihren Fingern über seinen Kopf. Er wachte auf und öffnete die großen schwarzen Augen. Opeki hielt den Atem an. Sie beugte sich nieder und hob Amik auf, zeigte ihm den kleinen Bruder in der Wiege und flüsterte: „Das ist der kleine Bruder. Du darfst ihn niemals beißen oder stoßen. Er ist noch so klein."

Die Mutter fragte: „Gefällt dir der kleine Bruder, Opeki?"

Opeki nickte. Kleiner Bär aber war sehr enttäuscht. Dieser kleine Bruder war ein Spielzeug für Opeki und kein Gefährte, mit dem er auf die Jagd gehen konnte. „Es hätte auch eine Schwester sein können", sagte er. Opeki widersprach eifrig: „Ich bin froh, dass es ein kleiner Bruder ist."

„Wie wollen wir ihn nennen?", fragte die Mutter. Kleiner Bär und der Vater sagten, sie würden darüber nachdenken, aber Opeki rief ganz schnell: „Wir wollen ihn Nenemoscha – Liebling – nennen!" Der Vater und die Mutter sahen sich an und lächelten. Die Mutter beugte sich über die Wiege: „Nenemoscha – Liebling – ja, so wollen wir ihn nennen, den kleinen Bruder."

Amik ist fort!

Die ersten Wochen seines Lebens schlief der kleine Bruder fast immer. Opeki war sehr um ihn besorgt und ermahnte Amik stets, nicht auf die Tragwiege hinaufzuklettern und nichts zu tun, was Nenemoscha stören könnte. Amik war auch meistens gehorsam. Nur manchmal wollte er die weiche Felldecke aus der Wiege Nenemoschas fortzerren oder er knabberte an der Birkenrinde.

Eines Morgens, als Opeki aufwachte, lag Amik nicht mehr neben ihr. Sie richtete sich auf und rieb sich die verschlafenen Augen. Amik war sicher schon zum Bach gelaufen und spielte im Wasser. Die Sonne schien in das Zelt. Der Vater war auf die Jagd gegangen. Die Mutter hatte den Reisbrei gekocht und Kleiner Bär kauerte erwartungsvoll neben ihr am Boden.

Auch Opeki war hungrig. Sie sprang schnell auf. Die Mutter gab den Reisbrei in Schüsseln und vergaß auch nicht Amiks Anteil. Opeki stellte den Rindenteller für ihren Biber auf den Boden und ging aus dem Zelt, um ihn zu holen. Aber Amik eilte nicht herbei wie sonst immer. Opeki rief seinen Namen und wartete. Sie lief zum Bach. Nirgends war Amik zu sehen. Opeki rannte zum Zelt: „Amik ist fort!"

Die Mutter antwortete: „Sicher schläft er noch irgendwo." Kleiner Bär hatte sich den Mund so mit Reisbrei voll gestopft, dass er kein Wort sprechen konnte. Die Mutter blickte ihn mahnend an. Kleiner Bär wollte schnell alles hinunterschlucken, so dass er husten musste. Dann sagte er: „Amik wird schon kommen, wenn er Hunger hat!" Opeki aber war sehr aufgeregt. Sie suchte in den Winkeln des Zeltes und hob alle Decken und Fellbündel auf.

„Amik, Amik!", rief Opeki.

Der Biber kam nicht.

Opeki war den Tränen nahe.

Kleiner Bär hatte seinen ganzen Reisbrei gegessen und nun sagte auch er, dass man den Biber suchen müsse.

Die Mutter beruhigte Opeki und gemeinsam gingen sie zum Bach und durchstöberten das Gebüsch am Waldrand.

Amik blieb verschwunden.

„Wir wollen ihn im Wald suchen", schlug die Mutter vor. Kleiner Bär holte seinen Bogen und sie gingen fort. Aber nirgends fanden sie den Biber. Vergeblich riefen sie seinen Namen, und vergeblich blickten sie in jedes dichte Gebüsch.

„Wenn der Vater heimkommt", tröstete die Mutter Opeki, „wird er Amik finden." Aber auch die Mutter war traurig. Sie liebte den kleinen munteren Biber, und wenn er in den Wald gelaufen war, so würden sie ihn vielleicht nie wieder sehen.

Kleiner Bär rief: „Ich werde sie totschießen, die Bären und Wölfe!", und er zeigte drohend seinen Bogen und die Pfeile. Opeki sah voll Bewunderung auf ihren tapferen Bruder. Aber was nützte es, die wilden Tiere totzuschießen, wenn sie Amik bereits gefressen hatten!

Traurig gingen sie zum Zelt zurück. Opekis Reisbrei war kalt geworden. Die Mutter wärmte ihn, doch Opeki hatte keinen Hunger. Sie saß am Feuer, hielt ihren Teller in der Hand und dachte an den Biber, der im Wald umherirrte und der vielleicht schon tot war.

Plötzlich rief die Mutter leise: „Opeki, Kleiner Bär, kommt und seht!" Sie kniete neben der Wiege des kleinen Bruders. Der kleine Bruder schlief friedlich. Seine Wangen waren rot. Sein kleiner Mund stand halb offen. Dicht an ihn geschmiegt schlummerte Amik. Nenemoscha hatte einen seiner kleinen Arme fest um den Biber gelegt.

„Oh", sagte Opeki.

Die Mutter hob den trägen Amik heraus, der seine Augen nicht aufmachen wollte. „Amik!", schalt die Mutter liebevoll. „Was soll das sein! Nachts im Bach

spielen und den ganzen Tag verschlafen und noch dazu in Nenemoschas Wiege!", und sie drohte dem Biber mit dem Finger. Dann legte sie den kleinen faulen Amik in Opekis Arme.

Opeki aß ihren Reisbrei und fütterte Amik. Kleiner Bär kauerte neben dem Feuer und sah ihnen zu. Nenemoscha war aufgewacht und lachte vergnügt in seiner Wiege.

Amik baut ein Haus

Am Ufer des Baches wuchs eine junge Birke. Sie hatte einen dünnen Stamm und ihre Rinde war weiß. Eines Tages lief Amik zu ihr, setzte sich auf die Hinterbeine, stützte sich auf seinen breiten Schwanz, umklammerte mit den Vorderpfoten geschickt den Stamm und nagte ihn durch.

Die Birke fiel nieder in den Bach. Opeki kam herbei. „Amik", rief sie, „was machst du?"

Der Vater sagte: „Alle Biber fällen Bäume, Opeki. Deshalb haben sie ihre scharfen Zähne. Aus Bäumen und Ästen bauen die Biber ihre Häuser im Wasser. Auch Amik muss sich eine Burg bauen, bevor der Winter kommt."

Als es Abend wurde, schlief Opeki lange nicht ein. Sie dachte an Amiks Haus. Der Vater, die Mutter, Kleiner Bär und sie wohnten in einem Zelt aus Birkenrinde. Ihr kleiner Biber aber wollte sich ein Heim aus Ästen und Zweigen im Wasser des Baches bauen.

Mitten in der Nacht kroch Amik unter der warmen Decke hervor. Er lief aus dem Zelt. Der Mond schien. Die Sterne standen am Himmel. Amik fällte noch einen jungen Baum und schleppte ihn zum Bach. Vom Grund des Wassers holte er Sand und Steine und beschwerte den Stamm, damit er nicht davonschwimmen konnte. So begann er seine Burg zu bauen.

Am Morgen, als Opeki aufwachte, sagte der Vater: „Opeki, Kleiner Bär, kommt zum Bach!"

Die Kinder eilten sofort aus dem Zelt. Der Vater hatte eine so geheimnisvolle Miene gemacht. Ein Rotkehlchen sang in den Zweigen eines Baumes aus Freude darüber, dass die Sonne aufgegangen war. Opeki und Kleiner Bär erblickten das Haus, das Amik baute. Es war ein sehr kleines Biberhaus. Das Heim seiner Eltern am See war viel größer und stärker gewesen. Aber Amik war ein junger Biber und hatte keine Erfahrung im Hausbau. Er konnte noch nicht so große Bäume fällen wie ein erwachsener Biber.

„Amik baut ein Haus – Amik baut ein Haus!", rief Opeki.

„Im nächsten Frühjahr", sagte der Vater, „wird Amik sich eine Biberfrau suchen. Und sie werden viele kleine Biberkinder haben."

Der Vater ging zurück zum Zelt und Kleiner Bär lief nach einiger Zeit in den Wald. Opeki aber blieb im weichen Gras sitzen und sah viele Stunden ihrem Biber zu, wie er sich mühte, sein Haus zu bauen.

Die Wellen des Baches glänzten im Licht der Sonne. Bunte Enten schwammen vorüber. Opeki dachte an die kleinen Biberkinder, von denen der Vater erzählt hatte.

Zu Mittag brachte sie eine große Schüssel mit Futter zum Bach. Amik war nicht in das Zelt gekommen. Er hatte es viel zu eilig. Triefend nass tauchte er aus dem Wasser auf und schwamm zu seiner Freundin.

Opeki kniete sich neben ihm nieder. „Hörst du", sagte sie, „du musst ein schönes, starkes Haus bauen für deine Kinder. Du brauchst auch keine Angst vor einer Eule, einem Wolf oder einem Luchs zu haben. Kleiner Bär und ich, wir werden deine Kinder beschützen!"

Der fremde Biber

Es wurde Winter. Dick lag der weiße Schnee auf der Erde, hüllte die Bäume ein, das Zelt und den gefrorenen Bach und die Biberburg. Die Nächte waren lang und die Tage kurz. Wenn Opeki und Kleiner Bär im Freien spielten, hatten sie warme Pelzkleider an.

Gras und Blumen schliefen in der harten Erde. Es schien, als würde es nie wieder Frühling werden.

Eines Morgens aber begann ein warmer Wind zu wehen, der die Kälte vertrieb. Opeki und Kleiner Bär wollten die Pelzmützen nicht mehr aufsetzen. Sie liefen aus dem Zelt und sahen zu, wie das Eis schmolz. Der Wind schüttelte die Zweige der Bäume und warf den Schnee herunter. Der Himmel wurde blau und die Sonne schien.

Amik war ein großer, starker Biber geworden. Er konnte nun dicke Bäume fällen und baute unermüdlich an seiner Burg. Als die ersten Blumen neben dem Bach zu blühen begannen, kam der Tag, an dem er ruhelos wurde. Er wollte weder im Zelt noch in seinem Biberhaus bleiben und ließ Opekis Rindenteller unbeachtet am Ufer stehen. Er stieg in den Bach. Opeki sah ihn fortschwimmen. Sonst spielte Amik im Wasser und wenn sie ihn rief, hörte er auf ihre Stimme. Aber diesmal wandte er kein einziges Mal seinen Kopf. Unbeirrt schwamm er weiter und Opeki musste laufen, um ihm folgen zu können.

„Amik, Amik!", rief Opeki vergeblich.

Plötzlich schlug Amik mit seinem großen breiten Schwanz warnend auf das Wasser. Am Ufer saß ein fremder Biber. Er war viel kleiner als Amik. Vor ihm stand ein Wolf und versuchte, ihn mit seinen scharfen Zähnen zu packen. Der fremde kleine Biber blutete schon aus einer Wunde, aber noch wehrte er sich tapfer gegen den Angreifer. Opekis Herz klopfte. Es war ein starker Wolf. Er war mager und er schien sehr hungrig zu sein. Alle Wölfe werden im Winter mager, denn sie finden nicht genug zu fressen.

Der Wolf blickte auf Opeki. Er zog die Lefzen hoch und knurrte. Sie sahen sich an, das kleine Mädchen und der große Wolf. Opeki wagte kaum zu atmen. Der Wolf duckte sich. Nun würde er auf Opeki springen oder auf den Biber. Aber nein, er drehte sich um und lief in den Wald.

Der fremde kleine Biber stürzte sich in den Bach und flüchtete. Amik folgte ihm nach.

„Komm zurück, Amik!", befahl Opeki. Das Gebüsch am Ufer war so dicht, dass sie nicht mehr weitergehen konnte. „Amik, komm zurück! Amik – Amik!", rief Opeki. Ihr Biber aber schwamm immer weiter fort. Er hatte alles vergessen, was geschehen war. Opeki hatte sein Leben gerettet, sie hatte ihm Nahrung gegeben, er hatte in ihren Armen geschlafen und mit ihr gespielt. Aber jetzt ließ er sie allein um eines fremden Bibers willen.

Mit hängendem Kopf ging Opeki heim. Sie sah die kleinen gelben, weißen und blauen Blumen nicht. Sie sah die Drosseln nicht, die fröhlich am Boden umher-

flatterten. Sie hörte nicht, wie in allen Büschen die Finken und Meisen aus Freude laut sangen, weil es warm geworden war und das Gras wieder zu wachsen begonnen hatte.

Amik hatte sie verlassen!

Opeki kam zum Zelt zurück. Der Vater saß in der Sonne und putzte sein Gewehr. Opeki kniete sich neben ihm nieder. Sie blickte zu Boden. „Hat mich Amik lieb?", fragte sie. Der Vater sah überrascht auf. „Dein Biber liebt dich, Opeki!"

„Warum ist er dann fort von mir?", rief Opeki und erzählte, was geschehen war. Der Vater legte das Gewehr fort. Er nahm Opekis Gesicht in seine Hände. Opekis Augen waren nass.

Der Vater fuhr über ihr schwarzes Haar. „Amik ist nun erwachsen", erzählte er. „Er darf nicht immer bei dir bleiben und mit dir spielen. Er ist fortgegangen, um sich eine Biberfrau zu suchen. Er wird viele kleine Kinder haben. Er wird für sie sorgen und sie beschützen und er und seine Biberfrau werden glücklich sein."

Opeki blickte auf das leere Biberhaus. „Warum ist er nicht hier geblieben?", fragte sie.

„Er wird wiederkommen", tröstete sie der Vater.

Opeki wartete den ganzen Tag auf Amik. Aber er kehrte nicht zurück. Nach dem Abendessen lief Opeki noch einmal zum Bach. Der erste Stern stand schon am Himmel. Alles war still. Im Wasser spielte kein Biber.

Das kleine Mädchen kauerte sich neben dem verlassenen Biberhaus nieder und weinte.

Amik und seine Kinder

In den nächsten Tagen war Opeki sehr traurig. Nicht einmal der kleine Bruder konnte sie fröhlich machen.

Kleiner Bär vermisste Amik. Doch er tröstete sich früher als seine Schwester. Der Vater suchte im Wald nach Opekis Spielgefährten. Aber so weit er auch entlang des Baches ging, nirgends fand er den Biber.

Jedes Mal, wenn Opeki am Morgen aufwachte, öffnete sie die Augen und dachte: ‚Diese Nacht ist Amik heimgekommen.' Aber Amik war nicht im Zelt und draußen am Bach war er auch nicht. Eine Woche verging. Es gab keinen Schnee mehr im Wald. Alle Büsche blühten. Der Himmel war blau. Die Sonne schien. Opeki, Kleiner Bär, der Vater und die Mutter saßen im Zelt beim Mittagessen.

Da stand plötzlich Amik am Eingang. Das Wasser rann aus seinem Pelz. Er setzte sich auf die Hinterbeine und schaute alle fröhlich an, als ob er sie begrüßen wollte. Dann lief er zu Opeki.

Kleiner Bär sprang auf. Er rief: „Amik ist wieder da!" Opeki aber sprach kein Wort. Stumm nahm sie ihren Biber in die Arme und strich über sein nasses Fell. Sie hielt ihm ihre Schüssel hin und sah zu, wie er sie leer fraß.

„Vater, Mutter!", sagte Opeki. „Amik liebt mich. Er ist heimgekommen."

Kleiner Bär war inzwischen zum Bach gelaufen und kam aufgeregt zurück: „Ein fremder Biber ist hier!"

Kaum hatte Amik sich satt gefressen, eilte er schon wieder aus dem Zelt. Der Vater, die Mutter, Opeki und Kleiner Bär folgten. Im Bach neben dem Biberhaus war ein zweiter Biber. Er wagte sich nicht ans Ufer und hatte Angst, als er die Menschen sah. Amik schwamm zu ihm und beruhigte ihn. Opeki erkannte den fremden Biber. Es war jener, der mit dem Wolf gekämpft hatte.

Die Mutter sagte: „Amik hat seine Frau mitgebracht, Opeki!"

Bald gewöhnte sich die Biberfrau an die Indianerfamilie. Sie floh nicht mehr vor ihnen, sondern kam mit Amik ins Zelt und ließ sich von Opeki streicheln. Eines Tages aber erschien sie nicht mehr vor dem Biberhaus. Amik schwamm unruhig umher und sammelte viele Futterzweige, mit denen er in sein Haus tauchte.

Die kleinen Biber waren geboren worden!

Amik und seine Frau spielten nicht mehr mit Opeki. Sie mussten Nahrung für die Kinder suchen und das Haus größer bauen. Opeki war darüber nicht traurig. Oft stand sie am Ufer des Baches neben der Biberburg. Darinnen, in einer gemütlichen warmen Höhle, lagen die Biberkinder. Sie konnte ihre schwachen Stimmen hören.

„Nenemoscha", sagte dann Opeki, „bald werden die Biberkinder aus ihrem Haus kommen und mit dir spielen." Opeki konnte es gut verstehen, dass Amik und seine Frau keine Zeit mehr für sie hatten.

Auch Opeki hatte viel Arbeit. Nenemoscha war ein fröhlicher kleiner Bursche. Er hatte kleine dicke Hände und dicke Wangen und eine laute Stimme. Opeki musste immer auf ihn aufpassen. Im Zelt wollte er überall hinaufklettern, und wenn es die Schwester nicht gegeben hätte, so wäre er bestimmt jeden Tag nicht nur einmal, sondern dreimal in den Bach gefallen, hätte sich im Wald Hände und Gesicht an den Dornensträuchern zerkratzt oder wäre ver-

loren gegangen. Es gab kein Eichhörnchen, dem er nicht nachkroch, und keinen Vogel, den er nicht zu fangen versuchte.

Kleiner Bär hatte ebenfalls viel zu tun. Er begleitete den Vater, wenn dieser am frühen Morgen auf die Jagd ging. „Ich bin froh", sagte der Vater, „dass ich einen so tüchtigen Sohn habe!" – „Ich bin froh", sagte die Mutter, „dass Opeki mir bei meiner Arbeit hilft!"

Die Wochen vergingen. Dann kamen eines Tages drei kleine Biber aus dem Biberhaus. Sie sahen ganz genauso aus wie Amik, als ihn Opeki und Kleiner Bär im Wald gefunden hatten.

Amik und seine Frau schwammen besorgt um ihre

Kinder. Opeki, Kleiner Bär, der Vater und die Mutter standen am Ufer. Nenemoscha klatschte aus Freude in die Hände.

In dieser Nacht konnte Opeki lange nicht einschlafen. Sie dachte an Amik, an seine Frau und an die kleinen Biber. Als ihr endlich die Augen zufielen, träumte sie von ihren Bibern, sie träumte von Nenemoscha, von Kleiner Bär, dem Vater und der Mutter und davon, dass alle sich lieb hatten.

Opeki lächelte glücklich im Traum.

KLEINER WOLF UND WAHKI WASCHBÄR

Die Höhle im alten Baum

Wahki und seine Geschwister wurden in einem hohlen Ahornbaum hoch über dem Erdboden geboren. Sie kamen blind auf die Welt und in den ersten zwanzig Tagen – bevor sich ihre Augen öffneten – schliefen sie die meiste Zeit. Die Höhle war warm und mit Laub und vermodertem Holz weich ausgepolstert. Auch der Pelz der Mutter war warm und weich.

Wenn die kleinen Waschbären hungrig waren, wimmerten sie leise, tappten und krabbelten auf der Mutter umher und suchten nach den Milchzitzen. Hatten sie sich satt getrunken, schliefen sie wieder ein. Schlafen und trinken – das war alles, was sie tun mussten, Wahki und seine Schwester und die zwei Brüder. Dabei wuchsen sie, wurden von Tag zu Tag ein wenig größer. Von der Welt außerhalb ihrer Höhle nahmen sie nichts wahr. Und natürlich hieß der kleine Waschbär damals noch nicht Wahki. Diesen Namen sollte er erst viel später erhalten.

Ein Stück entfernt vom hohlen Ahorn floss ein Bach durch den Wald, das sandige Ufer voll kleiner Buchten und Tümpel. Im flimmernd klaren Wasser zeichnete sich jeder Stein und jedes Sandkorn auf dem Grund deutlich ab. Nur dort, wo die Bäume bis dicht ans Ufer standen, wurde der Bach unter dem Schattendach der Äste geheimnisvoll dunkel, fast schwarz.

Tagsüber, wenn es draußen hell war, lag Mutter Waschbär bei ihren Jungen im Halbdunkel der Höhle. Wenn die Sonne hinter den Bäumen verschwunden war und der Abend zu dämmern begann, verließ sie die Höhle. Sie kletterte den Stamm hinunter, mit den Hinterpfoten voran, wie alle Waschbären es tun, und trottete zum Bach. Im seichten Uferwasser fing sie Fische und Krebse, sie fraß Muscheln und Frösche. Weiter oben am Bach und weiter unten suchten noch andere Waschbären nach Futter. Es gab genug Nahrung für alle und keinen Grund zu streiten. Sobald Mutter Waschbär satt war, eilte sie zum hohlen Baum zurück. Sie kletterte hinauf in die Höhle und begrüßte ihre Kleinen mit einem zärtlichen Laut, der so ähnlich klang wie Wirr-wirr-wirr. Wahki und seine Geschwister antworteten mit einem verschlafenen Zirpen.

Nach und nach verschwanden auch die anderen Waschbären, es wurde still, nur noch der Bach murmelte und plätscherte. Von den Futterplätzen der Waschbären schlängelte er sich weiter und weiter durch den Wald, vorbei an sumpfigen Wiesen. Dann sprudelte er in einem Wasserfall über ein paar große Steine und mündete in einen See. Auf einer Lichtung am Ufer, umgeben von Tannen und Laubbäumen, standen kuppelförmige Hütten aus Birkenrinde. Die Indianer, die in diesem Dorf wohnten, nannten sich in der Sprache ihres Volkes Anischinabe – und das ist ein ganz einfacher Name, denn er heißt „Menschen". Verstreut in den Wäldern, an den Ufern anderer Seen, gab es noch viele solcher Dörfer.

Wie alle Anischinabe glaubten die Dorfbewohner, dass nur jenes Stück Erde ihnen gehörte, auf dem sie ihre Hütten gebaut hatten. Der See aber, so meinten sie, der gehöre den Fischen, den Enten, den Gänsen, den Bibern und allen anderen Tieren, die im Wasser und auf dem Wasser lebten. Und der Wald ringsum, der gehöre den Bäumen und Pflanzen, die dort wuchsen, und den Tieren, die dort lebten, seien sie nun so groß wie Hirsch und Bär oder so klein wie Eichhörnchen und Waldmaus. Und jedes Geschöpf, ob Tier oder Mensch, so lehrten die Anischinabe ihre Kinder, habe das gleiche Recht auf Nahrung.

Sammelten die Anischinabe Beeren oder andere Wildfrüchte im Wald, dann plünderten sie nie die Büsche leer. Wenn sie auf die Jagd gingen, erlegten sie nur so viele Tiere, wie ihre Familien brauchten, um satt zu werden. Nichts wurde verschwendet oder weggeworfen. Aus gegerbten Tierhäuten fertigten sie ihre Kleider an und die warmen Pelze schützten sie vor der Winterkälte. Für Mutter Waschbär und die anderen Waschbären waren die Anischinabe Lebewesen, die sich auf zwei Beinen fortbewegten statt auf allen vieren. Sobald die Zweibeiner im Wald auftauchten, zog man sich am besten zurück, ließ sich aber sonst nicht weiter von ihnen stören.

In der letzten Hütte des Dorfes, nahe am Seeufer, schlief ein Indianerjunge, der Kleiner Wolf hieß. Und Kleiner Wolf war es, der dem jetzt noch blinden Waschbärenkind später einmal den Namen Wahki geben würde. Einstweilen wussten die beiden freilich noch nichts voneinander.

In der Hütte schliefen auch die Eltern, die Großeltern und Blaukehlchen, die Schwester. Neben der Feuergrube, in der die erlöschende Glut noch Wärme gab, hatte sich Schahka, der alte Hund, ausgestreckt. Als Kleiner Wolf auf die Welt gekommen war, hatte die Mutter Schahka zu sich gerufen und ihm aufgetragen, das Neugeborene zu beschützen. Und das hatte Schahka all die Jahre getan. Inzwischen war er alt geworden, seine dunkle Schnauze war ergraut und er konnte nicht mehr so gut laufen und jagen wie früher. Aber noch immer streifte er gemeinsam mit Kleiner Wolf umher und wich nicht von seiner Seite.

Über Wald und See standen die Sterne am Himmel. Uhu und Eule sangen ihre Nachtlieder, manchmal regte sich eine der im Schilf versteckten Enten oder Gänse. Hirsche und Elche kamen ans Ufer und tranken. Kleiner Wolf, der Indianerjunge in der Hütte, und Wahki, der Waschbär im hohlen Baum, schliefen tief und fest, nichts störte ihren Schlummer.

Zweibein und Vierbein

Ein Tag nach dem anderen verging. Die Augen der kleinen Waschbären hatten sich geöffnet. Jetzt, da sie nicht mehr blind waren, schliefen sie auch nicht mehr so viel. Sie spielten miteinander, sie balgten sich und purzelten tollpatschig einer über den anderen. Sie schnurrten vor Wohlbehagen und übten die verschiedenen Laute, die sie von der Mutter hörten. Wenn sie trinken wollten, kämpften sie um den besten Platz, und meist waren es Wahki und die Schwester, die als Erste eine Zitze eroberten. Die beiden anderen Brüder waren sanft und wehrten sich nicht, wenn sie beim Herumkrabbeln auf der Mutter weggestoßen wurden.

Jeden Abend wanderte Mutter Waschbär vom Ahornbaum zum Bach. Wahki und seine Geschwister blieben in der Höhle zurück und waren zufrieden damit. Noch genügte ihnen ihre kleine warme Welt.

Als die Jungen etwas größer geworden waren, konnte es geschehen, dass die Mutter sie auch tagsüber für kurze Zeit allein ließ. Immer dann, wenn sie allzu lebhaft waren und ihr keine Ruhe gönnten. Wahki wäre ihr nur zu gern nachgeklettert. Kräftig und unternehmungslustig wie er war, wollte er erforschen, wohin die Mutter verschwand. Sooft er es aber versuchte, stets rutschte er ab, bevor er das Eingangsloch erreicht hatte.

Eines Nachmittags – seine Geschwister schliefen – gelang es ihm endlich. Er steckte den Kopf zum Höhlenloch hinaus und musste gleich die Augen schließen. Was für ein helles, starkes Licht war da draußen! Beinahe verließ ihn der Mut und beinahe hätte er sich wieder in die angenehme Halbdämmerung der Höhle zurückgezogen. Aber so schnell gab Wahki nicht auf. Er öffnete vorsichtig die Augen, lugte blinzelnd in das Licht und merkte auf einmal, dass es ihn nicht mehr blendete.

Ganz benommen hockte er still im Höhlenloch und schaute in die fremde, ungewohnte Welt. Was er sah, waren hohe Ahornbäume, Birken und Eschen und dazwischen das dunkle Grün der Tannen. Blumen sprenkelten das Gras auf dem Boden. Vögel huschten und flatterten umher, sie zwitscherten, zirpten und flöteten und kümmerten sich nicht um das Waschbärenkind.

Wahki schaute und horchte – er horchte und schaute und erblickte plötzlich ein so sonderbares Wesen, dass er alles andere ringsum vergaß und vor Staunen leise trillerte. Das Wesen schritt aufrecht auf zwei Beinen und war nicht behaart wie die Mutter. Neben ihm her trottete ein zweites Wesen, das nicht ganz so seltsam war, denn es besaß einen Pelz und ging auf allen vieren, wie es sich gehörte. Beide Geschöpfe waren, zumindest für einen kleinen Waschbären, beängstigend groß. Noch dazu kläffte jetzt das Vierbein, ein Laut, der nichts Gutes bedeuten konnte. Wahki wich zurück, verlor den Halt und purzelte in die Höhle hinab.

„Still!", sagte Kleiner Wolf – denn er war es – zu seinem Hund Schahka. „Jetzt hast du ihn erschreckt!"

Ein Blauhäher keckerte aufgeregt oben im Ahorn
und scheuchte alle Vögel auf. Kleiner Wolf wartete,
bis sie sich wieder beruhigt hatten, dann ging er mit
Schahka zum hohlen Baum hin.

Wahki lag drinnen in der Höhle und rührte sich nicht. Waren das Zweibein und das Vierbein noch immer da? Obwohl er nichts hörte, spürte er ihre Gegenwart. Sollte er sich tot stellen und so tun, als sei er nicht vorhanden?

Es gibt aber einen Wahlspruch der Waschbären und der lautet: „Nur keine Angst! Erforsche alles, was dir unbekannt ist!" In dieser Beziehung war Wahki ein echter Waschbär, so jung er auch noch war. Vor Neugierde begann es ihn bald am ganzen Körper zu kribbeln. Er tappte auf den Geschwistern umher, aber die ließen sich nicht wecken und verschliefen das Abenteuer. Schließlich hielt Wahki es nicht mehr aus, er musste wieder zum Höhleneingang hinaufklettern.

Sein Kopf mit den weißen Flecken und der schwarzen Fellmaske von Ohr zu Ohr tauchte im Baumloch auf. Zum Glück befand sich die Höhle hoch oben im Stamm. Wahki fühlte sich halbwegs sicher und wagte einen Blick hinab auf die zwei unbekannten Wesen, die am Fuß des Ahorns standen und zu ihm hinaufschauten.

Kleiner Wolf ahmte den zärtlichen Schwirrlaut nach, mit dem Waschbärenmütter ihre Jungen begrüßen. Damit wollte er dem kleinen Waschbären die Scheu nehmen, erreichte aber das Gegenteil. Wahki fand es nicht geheuer, dass dieses haarlose Geschöpf – nur auf dem Kopf war so etwas wie ein Fell – eine ähnliche Stimme wie die Mutter haben sollte. Er verschwand eilig in der Höhle, verkroch sich bei den Geschwistern, gab keinen Laut von sich und stellte sich diesmal wirklich tot.

Kleiner Wolf ging mit Schahka zum Bach und wanderte das Ufer entlang zurück zum See. An den Futterplätzen der Waschbären war es ganz still, nur die vielen Pfotenabdrücke im Sand verrieten, dass sie Abend für Abend hierher kamen. Versteckt im Unterholz, scharrten Waldhühner die modrige Erde auf. Oben in den Baumwipfeln zankten sich die Häher. Ein Eichhörnchen flüchtete mit wehendem Schwanz.

„Morgen gehen wir wieder zur Höhle", sagte Kleiner Wolf zu Schahka. „Wir müssen bloß Acht geben, dass Mong es nicht merkt! Der hetzt sonst Sching auf die Waschbären, nur weil ich es war, der sie entdeckt hat!"

Schahkas Nackenhaar sträubte sich, als habe er jedes Wort verstanden. Mong war ein Junge, der in der Nachbarhütte wohnte und älter und größer war als Kleiner Wolf. Sein Hund hieß Sching und war jung und kräftig. Seit Schahka vom Alter steifbeinig geworden war, verging kaum ein Tag, an dem Sching nicht über ihn herfiel. Und ebenso verging kaum ein Tag, an dem Mong nicht mit Kleiner Wolf Streit suchte.

Kleiner Wolf brauchte nur an Mong und Sching zu denken und schon wurde er zornig. Er schleuderte einen Kiesel mit dem Fuß fort und fand die gute Laune erst wieder, als er im Dorf angekommen war und seiner Schwester Blaukehlchen von der Höhle im Ahornbaum und dem Waschbärenkind erzählte.

Am Morgen darauf wartete Kleiner Wolf, bis Mong und Sching im Kanu auf den See hinausgefahren waren, dann ging er mit Schahka zum alten Ahorn. Sie versteckten sich in einem nahen Gebüsch. Schahka legte den Kopf zwischen die Beine und schlief ein, alt und müde, wie er war. Mücken umsirrten Kleiner Wolf, aber er hielt sich ganz ruhig. Und wirklich erschien Wahki im Höhlenloch und guckte heraus.

In den nächsten Wochen wanderte Kleiner Wolf Tag für Tag mit Schahka in den Wald und beobachtete die Waschbärenjungen. Auch Wahkis Schwester hatte bald gelernt, wie man die Höhlenwand hinaufklettert. Nur die zwei schüchternen Brüder fanden dazu nie den Mut.

Am Anfang verschwand Wahki schnell in der Höhle, sobald er das Zweibein im Laubversteck erspähte. Nach einiger Zeit verlor er jedoch alle Scheu. Das Zweibein war zwar ein wunderliches Wesen ohne Pelz, aber offensichtlich nicht gefährlich. Und das Vierbein schlief fast immer.

Der erste Ausflug

Wahki und seine Geschwister waren im April auf die Welt gekommen, in jenem Monat, den die Indianer „Mond-wenn-der-Saft-in-den-Ahornbäumen-hochsteigt" nennen. Im Juni, dem „Mond-der-wilden-Erdbeeren", erlaubte Mutter Waschbär ihren Jungen, die Höhle zu verlassen und auf dem Baum herumzuklettern. Hinunter auf die Erde durften sie noch nicht. Die zwei schüchternen Brüder brauchten lange, bis sie sich endlich aus dem Loch hervorwagten. Wahki und die Schwester aber entdeckten bald, wie lustig es war, in der mächtigen Baumkrone miteinander zu spielen. Wurden sie müde, machten sie es der Mutter nach, streckten sich auf einem der dicken Äste aus, ließen die Beine hinunterbaumeln und nahmen ein Sonnenbad.

Wenn Kleiner Wolf jetzt zum Ahornbaum ging, musste er doppelt vorsichtig sein und sein Versteck immer gegen den Wind wählen, damit Mutter Waschbär ihn und Schahka nicht wittern konnte. Beim geringsten Anzeichen einer Gefahr rief sie die Jungen in die Höhle zurück und dort blieben sie, bis die Luft wieder rein war.

Eines Tages in der Abenddämmerung fand Mutter Waschbär, dass es an der Zeit war, ihren Jungen die Futtersuche beizubringen. Sie stieg vom Baum, setzte sich unten hin und trillerte: Hier bin ich! Kommt zu mir!

Als Erster folgte Wahki ihrem Lockruf. Er hielt sich mit den Pfotenkrallen an der Rinde fest und kletterte, den Schwanz mit den sechs schwarzen Ringen voran, Stück um Stück den Stamm hinunter. Ein anerkennendes Schnurren der Mutter belohnte ihn. Die Schwester mochte wohl meinen: Was der kann, kann ich auch! – und war im Nu ebenfalls bei der Mutter.

Die zwei anderen Brüder hockten oben in einer Astgabelung und spähten ängstlich in die Tiefe hinab. Die Lockrufe der Mutter wurden immer lauter. Keine Angst! hieß das. Nur herunter vom Baum!

Einer der Brüder nahm allen Mut zusammen und begann langsam und vorsichtig den Abstieg. Immer wieder hielt er an, um sich zu vergewissern, dass keine seiner Pfoten ausrutschte. Mit leise winselnden Tönen sagte er der Mutter: Schau, was du mir antust! Du kannst doch nicht wollen, dass ich mich zu Tode stürze! An einer kahlen, rindenfreien Stelle verlor er wirklich den Halt, purzelte hinunter und landete wimmernd im weichen Gras.

Sein zweiter Bruder, der eben – sehr zaghaft – die Astgabelung verlassen hatte, krallte sich vor Schreck mit allen vier Pfoten fest. Er stimmte in das Wimmern ein, wagte sich weder vor noch zurück und hörte nicht auf die beruhigenden Rufe der Mutter. Da verlor sie die Geduld, rannte den Stamm hinauf, packte ihren furchtsamen Sohn am Nackenfell und schleppte ihn den Baum hinunter.

Endlich waren sie nun wieder vereint und konnten zum Bach wandern. Mutter Waschbär ging voran und die Jungen folgten ihr einer hinter dem anderen, vier kleine Waschbären mit schwarzen Masken im Gesicht und schwarzberingelten Schwänzen.

Der Mond hatte sich über die Wipfel der Bäume erhoben, durchstrahlte den Himmel mit seinem bleichen Licht und verwandelte den Wald in ein geheimnisvolles Reich aus grauen Schatten. Auf den sumpfigen Wiesen weiter unten am Bach stimmten die Nachtschwalben ihr sehnsüchtiges Lied an. Wahki prickelte es vor Entdeckerlust am ganzen Körper. Mit Augen und Ohren nahm er alles ringsum wahr, jede flüchtige Bewegung im Gebüsch, jedes Rascheln, jedes noch so leise Piepsen einer Maus.

Dann verstummte der Gesang der Nachtschwalben so plötzlich, wie er angefangen hatte. Ein neues und noch aufregenderes Abenteuer erwartete Wahki und seine Geschwister. Sie waren am Bach angekommen. Nachdem Mutter Waschbär sich vergewissert hatte, dass keines ihrer Jungen fehlte, stieg sie ins seichte Uferwasser. Wahki und die Schwester platschten ihr ohne zu zögern nach.

Was war das jetzt wieder? Nass, kalt, aber nicht unangenehm.

Der weiche Sand des Bachbettes unter den Pfoten fühlte sich ganz anders an als Erde, Moos und Gras. Mondfunken blitzten auf dem Wasser, ließen sich aber nicht fangen, sooft Wahki auch danach grapschte.

Die zwei schüchternen Brüder rannten am Ufer auf und ab, trillerten ängstlich und wollten Mutter und Geschwister ans sichere Land zurückrufen.

Mutter Waschbär schnurrte beruhigend und zeigte ihren Jungen, wie man mit den Vorderpfoten unter Wasser nach Beute tastet. Dabei ließ sie das Ufer und den Wald nicht aus den Augen und schaute einmal dahin und einmal dorthin, ob nicht irgendwo eine Gefahr auftauchte. Jeder Waschbär kann sozusagen blind fischen; die Vorderpfoten mit den langen, feinfühligen Fingern gleichen der Hand des Menschen und lassen sich ebenso geschickt verwenden. Aus diesem Grund – und weil die Sprache der Waschbären reich an verschiedensten Lauten ist – hatten die Anischinabe ihnen den Namen „Kleine Menschen" gegeben.

Mutter Waschbär entdeckte zwischen den Steinen einen Krebs, zog ihn hervor, hielt ihn unter Wasser und tastete ihn mit den Pfotenfingern ab, bis jedes Sandkorn weggeschwemmt war. Es sah aus, als wasche sie den Krebs. Dann fraß sie ihn und zirpte ihren Jungen zu: Seht ihr, so muss man es machen! Und es schmeckt wunderbar!

Wahki und die Schwester folgten dem Beispiel der Mutter und griffen nach allem, was sich im Wasser bewegte. Glitzerndflinke kleine Fische schossen hin und her und entwischten ihnen, bevor sie zufassen konnten. In einem der seichten Tümpel fand Wahki endlich etwas, das nach Futter aussah und nicht gleich flüchtete. Es lag unten auf dem Grund und hatte zwei Schalen, die auf einer Seite auseinanderklafften. Wahki steckte die Pfote hinein und wollte untersuchen, was es mit diesem Ding auf sich hatte.

Im nächsten Augenblick schloss sich die Bachmu-
schel und klemmte seine Finger ein. Laut jammernd
schlenkerte er die Pfote hin und her, aber das Ding
hing fest und ließ sich nicht wegschleudern. Mutter

Waschbär kam ihm zu Hilfe und knackte die Schloss-seite der Muschel auf. Der saftige Leckerbissen ent-schädigte Wahki für den ausgestandenen Schrecken. Die zwei schüchternen Brüder hatten inzwischen ihre Scheu vor dem Wasser überwunden und machten Jagd auf schwänzelnde Kaulquappen. Einem der Brüder gelang es sogar, einen Krebs zu fangen. Lautes Wehgeschrei verkündete gleich darauf, dass wieder etwas schief gegangen war. Der Krebs hing an einem der Pfotenfinger und zwickte mit den Scheren kräftig zu. Mutter Waschbär befreite den Bruder von dem lästigen Anhängsel und zeigte ihren Jungen, dass man einen Krebs immer nur hinter den Scheren anpacken darf, wenn man nicht von ihm gezwickt werden will.

Auch dieses Missgeschick war bald vergessen und trübte die Freude am ersten Ausflug nicht. Oben am Himmel leuchteten Mond und Sterne. Der Wind flüsterte in den Blättern und im Riedgras. Von Zeit zu Zeit verriet ein leises Plätschern oder ein sanftes Trillern, dass in der Dunkelheit noch andere Waschbären auf Futtersuche waren. Jede Familie hatte ihren eigenen Platz. Für gewöhnlich achteten sie die gegenseitigen Besitzrechte, aber manchmal kam es doch vor, dass einer die guten Sitten vergaß und den Frieden störte.

Ein lautes Knurren der Mutter schreckte die Jungen plötzlich auf. Unter den Bäumen am Ufer war ein fremder Waschbär aufgetaucht. Statt sich sofort zurückzuziehen, wie es sich gehörte, zischte er angriffslustig und kam tänzelnd näher. Mutter Waschbär kreischte warnend: Das ist unser Gebiet! Verschwinde!

Der Eindringling antwortete ebenso kreischend, dass er nicht daran denke. Die zwei Brüder flüchteten an Land, kletterten an einer jungen Esche hoch und winselten. Die Schwester suchte Schutz auf einem anderen Baum. Nur Wahki ließ sich nicht vertreiben und blieb wie gebannt im Wasser stehen.

Den Pelz gesträubt, stelzten Mutter Waschbär und der Fremde aufeinander zu. Sie fauchten und knurrten, sie kreischten immer wieder auf und gaben mit allen nur möglichen Drohgebärden zu erkennen, dass sie bereit waren, den Gegner in Stücke zu reißen. Wahki fiel mit seiner dünnen Kinderstimme in das Zetern der Mutter ein. Vor lauter Aufregung hatte sich auch ihm der Pelz gesträubt.

Mutter Waschbär und der Fremde umkreisten einander und gingen ein paar Mal aufeinander los. Jedes Mal war es aber nur ein harmloser Scheinangriff und schließlich gab der Eindringling auf und trollte sich. Er hatte wohl eingesehen, dass er im Unrecht war. Mutter Waschbär ließ ihn laufen und setzte in aller Ruhe die Futtersuche fort.

Bald planschten auch die Schwester und die zwei Brüder wieder im Wasser. Als alle satt waren, wanderte die ganze Familie müde und zufrieden heim zum hohlen Ahornbaum.

Das lohfarbene Ungeheuer

Von diesem Abend an nahm Mutter Waschbär ihre Jungen immer mit, wenn sie auf Nahrungssuche ging. Die wilden Erdbeeren waren reif geworden und Wahki und seine Geschwister stopften sich den Bauch damit voll. Mutter Waschbär zeigte ihnen, wie man an schattigen Plätzen im feuchten, modrigen Laub nach Würmern gräbt. Auch unter der Rinde von halb verrotteten Baumstrünken fand sich allerhand krabbelndes, essbares Getier.

Soviel die Kleinen auch lernen mussten, zum sorglosen Spielen blieb ihnen trotzdem genug Zeit. Sie kletterten auf Bäume und turnten im Geäst umher. Oder sie jagten einer hinter dem anderen über einen gestürzten Baumstamm, der weiter oben quer über den Bach lag. Wer nicht aufpasste, rutschte aus und purzelte ins Wasser. Aber das machte nichts. Da schwamm man eben ans Ufer, schüttelte sich, dass die Tropfen nur so flogen, und rannte erneut den Geschwistern nach.

Einmal überraschten das Zweibein und das Vierbein die Jungen mitten im Spiel. Wahki und seine Geschwister retteten sich auf einen Baum und versteckten sich im Laub. Da Kleiner Wolf und Schahka sich ganz ruhig verhielten und bald wieder fortgingen, setzten die Jungen ihr Spiel fort, als wäre weiter nichts geschehen.

Nicht jede Begegnung im Wald endete so friedlich.

Eines Abends, als Wahki auf dem Weg zum Bach ein Stück hinter den anderen zurückgeblieben war, entdeckte ihn eine große Ohreule auf ihrem lautlosen Beuteflug. Bevor sie mit ausgestreckten Krallen herabstoßen konnte, hatte Mutter Waschbär die Gefahr erkannt und eilte ihrem Sohn mit schrillem Kampfgeschrei zu Hilfe. Eine wütende Waschbärin, die ihr Junges verteidigt, ist eine Gegnerin, die man nicht unterschätzen darf. Die Eule stieg hoch und strich durch die Bäume davon, um sich eine Beute zu suchen, die gefahrloser zu schlagen war.

Ein anderes Mal tauchte am Bachufer ein Luchs auf, aber auch ihn konnte Mutter Waschbär vertreiben. Auf diese Weise lernten die Jungen, dass es Feinde im Wald gab, vor denen sie sich hüten mussten, und dass es am besten war, immer bei der Mutter und den Geschwistern zu bleiben.

Eines Tages jedoch konnte Wahki der Versuchung nicht widerstehen, allein auf Abenteuer auszuziehen. Nach einem langen Sonnenbad im Ahorngeäst war er ausgeruht und zum Spielen aufgelegt, aber die Geschwister und die Mutter hatten sich in die Höhle zurückgezogen und schliefen. Wahki stieg vom Baum und lief zum Bach. Eine Weile rannte er über den gestürzten Baumstamm hin und her, ohne die Geschwister war es aber nur halb so lustig. Er hockte sich am Bachrand nieder, blinzelte in die Sonne und schaute Schmetterlingen nach, die leicht wie Federn durch die Luft schwebten.

Auf die Dauer war auch das langweilig. Wahki

ließ sich auf alle viere nieder, wanderte das Ufer entlang, schnüffelte im Riedgras und untersuchte jeden Tümpel.

Bei einem der nächsten Futterplätze stieß er unerwartet auf eine Schwarzbärin, die mit ihren zwei Jungen zum Bach gekommen war. Obwohl die Bärin ihn nicht beachtete und die zwei Jungen sich im Wasser balgten – wie Spielgefährten! – erschrak Wahki fast zu Tode. Ein so riesiges Geschöpf hatte er noch nie erblickt. Er flüchtete blindlings in den Wald hinein, und dann rannte und rannte er und hielt erst an, als er sicher war, dass niemand ihn verfolgte.

Jetzt wollte er schnurstracks zu der Mutter und den Geschwistern heimlaufen. Ein erwachsener Waschbär hätte den Weg zum hohlen Ahorn auch ohne Schwierigkeiten gefunden, aber Wahki war jung und unerfahren und das erste Mal ganz allein so tief drinnen im Wald. Er schaute um sich, entdeckte nichts, was ihm vertraut war, und begann nach der Mutter zu rufen. Als es plötzlich neben ihm im Gebüsch raschelte und ein Eichhörnchen oben im Geäst keckerte, verstummte er. Wie jedes Junge trug er die Erfahrungen all seiner Waschbärenvorfahren in sich, und dieses uralte Erbe sagte ihm, dass sein Jammern nicht nur die Mutter, sondern auch Feinde herbeilocken konnte.

Er duckte sich unter ein paar hohe Farnwedel und gab keinen Laut von sich. Nach einer Weile wagte er es, sein Versteck zu verlassen, und lief einfach der Nase nach zurück zum Bach. Er trottete unter den Bäumen dahin, im tiefen Schatten, wo sich nur selten ein Sonnenstrahl durchs Laubdickicht verirrte, immer darauf bedacht, in Deckung zu bleiben. Hier und da piepte oder zwitscherte ein Vogel, sonst war es still. Als Wahki endlich den Bach erreichte und unter den Bäumen hervortrat, mussten sich seine Augen erst wieder an das helle Sonnenlicht gewöhnen. Auf seiner Flucht und auf der Rückkehr hatte er einen weiten Bogen ausgelaufen und war nicht bei den Futterplätzen der Waschbären angekommen, sondern viel höher oben am Bachlauf. Ein wolkenbruchartiger Regen hatte im Vorjahr die hier sehr steile Uferbank unterwaschen. Ein ganzes Stück Böschung war abgerutscht.

Wahki ging bis an den Rand und schaute hinunter. Nach all den Aufregungen wäre ein Bad im Bach genau das Richtige gewesen. Im noch lockeren Kies und Schotter hatten aber nur ein paar magere Grashalme und Schößlinge Wurzeln gefasst und boten keinen Halt. Sollte er es trotzdem wagen und hinabklettern?

Während Wahki überlegte, hatte er plötzlich das gleiche Gefühl, das einen Menschen erfasst, der von hinten angestarrt wird. Er drehte sich um – und sah sich Auge in Auge mit einem Puma. Aus den hochgezogenen Lefzen kam ein fast lautloses Fauchen. Es war ein vollausgewachsenes, zweijähriges Männchen, das seine Geschwister verlassen hatte und auf der Suche nach einem eigenen Jagdgebiet umherwanderte.

Wahki brauchte keine Warnung der Mutter, um zu wissen, dass dieses gelbbraune Ungeheuer ein viel gefährlicherer Feind war als Eule oder Luchs. Ein Puma konnte mühelos einen Hirsch reißen und ein einziger Hieb dieser mächtigen Pranken hätte genügt, selbst Mutter Waschbär niederzustrecken.

Für eine Flucht war es zu spät. Der Puma fauchte, duckte sich und sprang – ein lohfarbener Blitz. Im letzten Augenblick wich Wahki zurück und warf sich zur Seite. Die Pranke streifte ihn, er wurde durch die Luft gewirbelt und kollerte, sich immer wieder überschlagend, die steile Uferwand hinab. Ganz benommen und halb betäubt blieb er unten am Bachrand liegen.

Oben auf der Böschung duckte sich der Puma zum zweiten Sprung.

Kleiner Wolf

Die Indianer im Dorf am See waren bei der Jagd und beim Sammeln von Wildfrüchten auf gegenseitige Hilfe angewiesen, und da einer den anderen brauchte, meinten sie ganz zu Recht, dass Zank und Streit das Leben nur unnötig schwer gemacht hätten. Aus diesem Grund ermahnten Eltern und Großeltern die Kinder immer wieder, sich zu vertragen und freundlich und hilfsbereit zu sein. Und so gut es ging, bemühten sich die Erwachsenen, den Kindern vorzuleben, wie man in Frieden miteinander auskam.

Nur Mongs Eltern schienen davon nichts zu halten. Sie zankten sich von früh bis spät. Kleiner Wolf war überzeugt, dass sie den guten Lehren bestimmt nie zugehört hatten, als sie Kinder gewesen waren.

Am Morgen jenes Tages, an dem Wahki seinen gefährlichen Ausflug unternahm, wurde Kleiner Wolf schon bei Sonnenaufgang von lauten, zornigen Stimmen aus der Nachbarhütte geweckt. Gleich darauf kamen Mongs Eltern aus der Hütte gerannt. Mongs Mutter packte den Suppentopf, der auf der Feuerstelle stand, und schüttete Mongs Vater den Inhalt vor die Füße.

Mong blieb an diesem Morgen hungrig, wie so oft, wenn seine Eltern stritten, und dafür mussten Kleiner Wolf, Schahka und Blaukehlchen büßen.

Sching fiel über Schahka her – ganz ohne Grund – und hetzte ihn durchs halbe Dorf. Als Blaukehlchen Wasser vom See holte, stieß Mong den vollen Rindeneimer um – und das mit Absicht und nicht etwa versehentlich! Als Kleiner Wolf mit dem Fischhaken Forellen fangen wollte, warf Mong Steine ins Wasser und vertrieb jeden Fisch im weiten Umkreis. Kleiner Wolf lief zum Großvater und beklagte sich. Der Großvater nickte mitfühlend und sagte: „Geh ihm aus dem Weg! Der See ist groß genug."

Kleiner Wolf fand, dass der See nicht groß genug war, um Mong aus dem Weg zu gehen. Außerdem hatte er die Lust am Fischen verloren. Er nahm seine Schlinge zum Kaninchenfangen, stahl sich mit Schahka aus dem Dorf und suchte Zuflucht im Wald.

Aber alle Vorsicht nützte nichts. Kaum hatte er einen Kaninchenbau entdeckt und die Schlinge ausgelegt, tauchte Mong auf und behauptete, das sei sein Jagdgebiet. Kleiner Wolf und Schahka hätten hier nichts zu suchen.

Sching knurrte angriffslustig.

Am liebsten hätte Kleiner Wolf sich zur Wehr gesetzt, obwohl er aus Erfahrung wusste, dass er dabei den Kürzeren ziehen würde. Aber er beherrschte sich Schahkas wegen, der an diesem Tag schon einmal von Sching arg zerzaust worden war. Er steckte wortlos die Schlinge ein und ging mit Schahka fort, als sei es ihm gleichgültig, dass er diesen guten Kaninchenbau aufgeben musste. Sobald Mong ihn nicht mehr sehen konnte, riss er einen Stecken ab und schlug wütend auf das Gebüsch ein, dass die Blätter nur so durch die Luft stoben.

„Ha!", stieß er hervor. „Ich möchte wissen, wie man dem aus dem Weg geht! Der Großvater kann leicht reden!"

Schahka hob die Schnauze und leckte ihm die Hand. „Warte nur!", sagte Kleiner Wolf. „Wir werden es Mong schon zeigen! Eines Tages bin ich auch so stark wie er und dann wird er was erleben!"

Kleiner Wolf ging weiter und weiter, einfach drauflos durch den Wald, den Kopf voller Rachegedanken. Er stapfte, ohne es zu merken, an Kaninchenbauten vorbei, die zum Schlingenlegen einluden, und wachte erst auf, als er zum Bach kam, gerade an der Stelle, wo am anderen Ufer die Böschung abge-

brochen war, und gerade in jenem Augenblick, als der Puma erneut zum Sprung ansetzte.

Kleiner Wolf sah den Puma oben auf der Böschung und er sah unten am Bachufer das hilflose

Waschbärenjunge liegen. Auch der Puma hatte ihn und Schahka erblickt und stieß ein grollendes Fauchen aus. Der dicke Schwanz peitschte hin und her. An jedem anderen Tag hätte Kleiner Wolf es sich zweimal überlegt, den Puma anzugreifen. Ein gereizter Puma konnte selbst einem Mann gefährlich werden und Kleiner Wolf war nur ein Junge und hatte nicht einmal eine Waffe bei sich. Aber er war so blindzornig, dass er nicht vernünftig denken konnte und auch keine Angst hatte. Er hob Steine auf, schleuderte sie auf den Puma und lief laut schreiend und die Arme schwenkend in den Bach hinein, dass das Wasser aufspritzte. Dem armen alten Schahka mit seinen stumpfen Zähnen blieb nichts anderes übrig, als steifbeinig nachzuwaten und den Puma, der ihn mit einem Prankenhieb erledigen konnte, anzubellen.

Der Puma fauchte und grollte noch einmal warnend. Zum Glück war er aber nicht sehr hungrig und wie alle Tiere des Waldes zog er es vor, Menschen auszuweichen, wenn sich ein Kampf vermeiden ließ. Er glitt ins schützende Unterholz zurück und verschwand gleich einem lautlosen Schatten.

Schahka schnappte nach Luft, kletterte mühsam über die Ufersteine und beschnüffelte das Pelzbündel, um nachzusehen, ob es tot war oder noch lebte.

Kleiner Wolf blieb verblüfft mitten im Bach stehen. Als ihm bewusst wurde, dass der Puma tatsächlich vor ihm geflohen war, schrie er triumphierend, rannte ans Ufer und hob das Waschbärenjunge auf.

„Du bist ja der vom Ahornbaum!", rief er erstaunt. „Bist du weggelaufen? Wo ist deine Mutter?"

Als Wahki zu sich kam, erlebte er, soweit seine verwirrten Sinne es begriffen, den nächsten großen Schreck. Was ihn da in den Pfoten hielt – für einen Waschbären sind Hände natürlich Pfoten –, war das Zweibein. Sollte er dem lohfarbenen Ungeheuer entkommen sein, um jetzt die Beute des Zweibeins zu werden? Er zappelte und wand sich, versuchte mit den Krallen zu kratzen, mit den Zähnen zu beißen und wimmerte und zischte.

„Hab keine Angst!", flüsterte Kleiner Wolf, strich Wahki über das Fell und gab die zärtlichen Schwirrlaute einer Waschbärenmutter von sich.

Wahki spürte die Wärme des Körpers, an den er gedrückt wurde, er hörte leise, beruhigende Laute. Die Zweibeinpfoten, die ihn streichelten, waren sanft und angenehm wie die Zunge der Mutter, wenn sie ihm das Fell wusch. Wahkis Wimmern ging in ein Schnurren über, und als das Zweibein ihn über den Bach trug, wehrte er sich nicht mehr.

In der Höhle der Zweibeiner

Auf dem Weg durch den Wald wurde Wahki immer zutraulicher. Er kuschelte sich an das Zweibein, das sich wie eine Mutter benahm, er ließ sich hinter den Ohren und am Bauch kraulen, dort, wo es am allerangenehmsten war. Wenn das Zweibein auch sonderbar nackt war, fremd roch und aufrecht ging – seltsam, dass man sich auf diese Weise fortbewegen konnte! –, so brauchte man doch keine Angst vor ihm zu haben. Auch das Vierbein, das neben dem Zweibein einherging, zeigte von Zeit zu Zeit durch ein freundliches Winseln, dass es kein Feind war. Wahki vergaß den ausgestandenen Schrecken und begann auf Waschbärenart zu plaudern. Kleiner Wolf glaubte, immer wieder ein „wah-wah" herauszuhören, dem ein heller Laut folgte, der wie „ki-ki" klang.

„Wah-ki – – wah-ki", sagte Kleiner Wolf ein paar Mal hintereinander und jedes Mal antwortete das Waschbärenjunge mit einem zirpenden Grillen.

„He, Schahka!", rief Kleiner Wolf. „Das gefällt ihm! Wir werden ihn Wahki nennen."

Und so erhielt der kleine Waschbär seinen Namen.

Als sie das Dorf am See erreichten, hatte Wahki jede Scheu verloren und wartete neugierig darauf, was weiter geschehen würde. Bevor er sich richtig umschauen konnte, war Kleiner Wolf mit ihm in die Hütte eingetreten.

In der Hütte – sie kam Wahki wie eine übergroße
Wohnhöhle vor – befanden sich noch andere Zwei-
beiner: die Mutter, die Großeltern und Blaukehlchen.
Wahki klammerte sich ängstlich an sein Zweibein an,

merkte aber bald, dass auch diese Zweibeiner ungefährlich waren. Sie nahmen ihn der Reihe nach in die Pfoten und streichelten ihn. Sie steckten ihm Fleischstückchen zu, die er sofort verzehrte, denn all die Aufregungen hatten ihn hungrig gemacht. Sie legten eine Handvoll gelber Körner vor ihn hin. Während er mit den flinken Pfotenfingern ein Maiskorn nach dem anderen ins Maul steckte, hockten die Zweibeiner um ihn herum und gaben zufriedene Laute von sich. Hernach wurde er wieder gestreichelt. Er kletterte einem Zweibein nach dem anderen auf den Schoß und zirpte und grillte vor Wohlbehagen.

Mit der Zeit fiel ihm auf, dass die Zweibeiner nicht alle gleich aussahen, wie er zuerst gemeint hatte, und dass jedes von ihnen eine andere Stimme besaß. Das kleinste Zweibein hatte die hellste Stimme und Pfoten, die besonders gut streicheln konnten. Vor allem aber entzückten Wahki Blaukehlchens Zöpfe. Er wurde nicht müde, sie abzutasten und daran zu ziehen, bis Blaukehlchen vor Lachen nicht mehr wusste, was sie tun sollte. In Wahkis Ohren klang das Lachen seltsam, wie überhaupt alles seltsam war, was diese Zweibeiner betraf. Es war aber kein unangenehmer Laut und bestimmt kein böser. Also kletterte Wahki auf Blaukehlchens Schulter, steckte die Nase unter ihren Kittel und kitzelte sie am Nacken.

Eines der größeren Zweibeiner hatte die gleichen Haarsträhnen, aber eine dunklere Stimme. Zwei der

Zweibeiner hatten einen weißgrauen Pelz auf dem Kopf und ihre nackte Haut fühlte sich runzlig an wie Baumrinde.

Ohne Ausnahme verhielten sich aber alle so, als seien sie Mütter. Wahki war überzeugt, dass diese Wohnhöhle von nun an ihm gehörte, und begann sie zu erforschen.

Um wirklich gemütlich zu sein, war die Höhle etwas zu groß, aber dafür musste man nicht auf den Baum hinausklettern, wenn man spielen wollte. Wahki untersuchte die geflochtenen Decken aus Kaninchenfellstreifen und die Binsenmatten, die auf dem Boden lagen. Als er die Binsen auszupfte, hob ihn das kleinste Zweibein auf, wackelte mit dem Finger vor seinem Gesicht herum und rief: „Nein! Nein! Das darfst du nicht tun!"

Was dieser Nein-Laut bedeutete, konnte Wahki zuerst nicht verstehen. Es schien jedoch ein Laut zu sein, den die Zweibeiner oft von sich gaben, denn er hörte ihn an diesem ersten Tag in der Hütte immer wieder.

Schließlich entdeckte er das Bärenfell auf dem Lager des Vaters und knurrte und fauchte es an, fand aber bald heraus, dass dieses Pelzwesen nicht lebendig war, außerdem war es ganz platt und flach. Herunterzerren ließ sich das Ding auch nicht, dazu war es zu schwer. Wahki schaute sich um, was es noch zu erkunden gab.

An den Wänden der Hütte standen Vorratskörbe aus Birkenrinde. Wahki beschnüffelte einen Korb, richtete sich auf, schob den Deckel mit den Pfoten zurück und wollte hineingucken.

„Nein! Nein!", riefen Kleiner Wolf und Blaukehlchen gleichzeitig. „Lass das! Du wirst ihn noch umwerfen!"

Der Korb war bis oben voll mit wildem Wasserreis von der Ernte des vergangenen Jahres. Selbstverständlich warf Wahki den Korb um. Der Reis rieselte auf den Boden und Wahki stopfte sich schnell ein paar Körner ins Maul, um zu wissen, wie sie schmeckten.

Kleiner Wolf packte ihn am Nackenfell und hielt ihn fest, während Blaukehlchen und die Mutter den Reis einsammelten und wieder in den Korb füllten.

Leider konnten die Zweibeiner sich nicht auf die einfache und klar verständliche Art der Waschbären ausdrücken. Mutter Waschbär hätte bloß auf eine bestimmte Weise knurren oder fauchen müssen und Wahki hätte sofort gewusst, wenn etwas nicht erlaubt war. Er spürte aber, dass der Nein-Nein-Laut ein Verbot ausdrückte.

Eine Weile genoss er es, brav zu sein, und ließ sich von den Zweibeinern der Reihe nach liebkosen. Dann erwachte sein Tatendrang erneut. Er entdeckte in einer Ecke Schüsseln und Teller aus Birkenrinde, warf sie durcheinander und knabberte daran.

„Oh, Schahka!", rief Kleiner Wolf. „Gib du auf ihn Acht!"

Als Schahka knurrte – ähnlich wie die Mutter –, ließ Wahki von den Schüsseln und Tellern ab und erfand ein neues Spiel: Er fauchte Schahka an, zischte und sträubte die Haare, als wollte er ihn aus der Hütte vertreiben wie damals die Mutter den fremden Eindringling aus ihrem Jagdgebiet. Freilich alles nur zum Spaß! Schahka war viel zu gutmütig, um den kleinen Waschbären am Nacken zu fassen und durchzubeuteln. Wahki unterhielt sich bestens und dachte keinen Augenblick an seine Familie im hohlen Ahornbaum.

In der Abenddämmerung kehrte der Vater von der Jagd heim. Vorsichtshalber verkroch sich Wahki, doch auch dieses Zweibein stellte sich als harmlos heraus.

Überall im Dorf, vor jeder Hütte, flackerten Feuer auf. Blaukehlchen und die Mutter legten Reisig auf die Feuerstelle und fachten die Glut an. Sie hängten einen Topf an ein Dreigestell aus Ästen und kochten Fleischsuppe fürs Abendessen.

Wahki hockte in seiner neuen Wohnhöhle. Das Feuer erschreckte ihn, dieses lebendige Wesen, das züngelte und knisterte und aus gelben und roten Lichtern zu bestehen schien. Wenn er auch noch nie erlebt hatte, wie ein Blitz einen Baum entzündete und bald darauf eine lodernde Flammenwand durch den Wald raste, hatte er doch die uralte Angst vor dem Feuer von seinen Waschbärenvorfahren geerbt.

Er wagte sich erst ins Freie, als das Feuer in sich zusammensank und die Glut nur noch einen schwachen Schein ausstrahlte. In der beginnenden Dunkelheit sah er schattenhaft die anderen Hütten, er hörte

Stimmen unbekannter Zweibeiner und suchte Schutz bei Kleiner Wolf.

Der Großvater holte seine Pfeife, stopfte sie mit getrockneten Salbeiblättern und fein geschabter Rinde von Hartriegel und Weide und begann zu rauchen. Nach ein paar Zügen gab er die Pfeife an die Großmutter weiter. Aus dem Pfeifenkopf kräuselte würziger Rauch hoch. Wahki beschloss, dieses seltsame Ding zu untersuchen, kletterte auf den Schoß der Großmutter und griff mit den Pfoten nach der Pfeife.

„Nein, Wahki! Nein!", riefen Blaukehlchen und Kleiner Wolf, aber es war schon zu spät. Bevor die Großmutter ihn abhalten konnte, hatte Wahki sich die empfindlichen Pfotenfinger an der Glut im Pfeifenkopf verbrannt. Er ließ sich wimmernd zu Boden fallen, leckte die Pfote und machte auf diese Weise die Erfahrung, dass es doch besser war, auf die Verbotslaute seiner neuen Freunde zu hören.

Als die ersten Sterne am Himmel flimmerten, legten sich alle in der Hütte zum Schlafen nieder. Nach den aufregenden Abenteuern dieses Tages war Wahki so müde, dass er sich neben Schahka einrollte und sofort einschlief. Um diese Zeit war er aber sonst immer mit der Mutter und den Geschwistern zum Bach gewandert. Er wachte auf, vermisste plötzlich seine eigene Familie, tappte in der Hütte umher und suchte leise klagend nach den Geschwistern und der Mutter.

Sein Wimmern weckte Kleiner Wolf und Blaukehlchen. Noch halb im Schlaf holten sie Wahki zu sich, streichelten ihn und flüsterten beruhigende Worte. Warm und weich und geborgen wie in der Baumhöhle lag er zwischen ihnen und schlief wieder ein.

Wahkis neue Freunde

Als Kleiner Wolf am nächsten Morgen aus der Hütte trat, hielt er Wahki fest in den Armen. Ihn jetzt schon frei herumlaufen zu lassen, wagte Kleiner Wolf noch nicht. Die Hunde im Dorf mussten sich erst daran gewöhnen, dass dieser Waschbär kein Tier war, das sie jagen durften, sondern ein neues Mitglied der Gemeinschaft.

Für Kleiner Wolf war das morgendliche Treiben im Dorf ein vertrauter Anblick, für Wahki war alles ungewohnt und fremd. Seine Geschwister und Mutter Waschbär lagen jetzt in der Baumhöhle und ruhten sich aus, aber er hatte – statt wie sie im Sternenlicht auf Nahrungssuche zu gehen – die ganze Nacht geschlafen und nun war er hellwach. Er zitterte vor Neugierde, aber auch ein wenig vor Angst; sein Kopf bewegte sich flink einmal dahin und einmal dorthin.

Im Riedgras und in den Binsen hingen noch Morgennebel. Ein leichter Wind kräuselte das Wasser. Tannen, Birken und Erlen umschlossen in einem wei-

ten Halbkreis die Lichtung, auf der die kuppelförmigen, mit Birkenrinde gedeckten Hütten standen.

Eine Gruppe Jäger hatte schon vor Sonnenaufgang das Dorf verlassen. Die alten Männer saßen vor den

Hütten, befiederten Pfeilschäfte oder schlugen Steine zu Pfeilspitzen zurecht. Frauen kratzten mit Knochenschabern Fett- und Fleischreste von Tierhäuten; wieder andere hängten in Streifen geschnittenes Fleisch zum Trocknen auf Stangengerüste. Die Mütter trugen ihre Babys in Tragwiegen verschnürt auf dem Rücken, auf diese Weise hatten sie ihre Kleinen immer bei sich, aber die Hände frei zum Arbeiten. Eine der jungen Mütter schaukelte ihren Säugling, der in einer Felldecke lag, die wie eine Hängematte zwischen zwei Pfosten hing. Eine der alten Frauen hockte neben einem kleinen Feuer, hielt ein Stück Birkenrinde über die Flammen und formte, als die Rinde biegsam geworden war, einen Trinkbecher daraus.

Der Großvater rauchte. Die Großmutter verzierte Mokassins mit einem Blumenmuster aus bunt gefärbten Stachelschweinsborsten. Blaukehlchen und ihre Freundinnen waren, die Rindeneimer in der Hand, zum Seeufer gelaufen und schöpften Wasser. Von überall her hörte man Lachen und Geplauder. Die Hunde lagen friedlich in der Sonne. Kam einer neugierig herangetrottet, zog Schahka die Lefzen hoch und knurrte, bis der andere Hund sich davontrollte.

In der Nachbarhütte war es noch still. Kleiner Wolf fragte sich schon, was das bedeuten sollte, als er ein lautes Poltern hörte. Im nächsten Augenblick raste Sching heulend und mit eingezogenem Schwanz aus der Hütte. Mongs Eltern tauchten in der Türöffnung auf. Mongs Vater schwang einen halb abgenagten Knochen und schrie, er werde es diesem räudigen Dieb schon zeigen. „Den Hund prügeln, ja, das kannst du!", rief Mongs Mutter. „Aber wozu taugst du sonst? Liegst faul herum, den ganzen Morgen schon, statt auf die Jagd zu gehen!" Mongs Vater blieb ihr die Antwort nicht schuldig. „Hast du Wasser geholt?", schrie er. „Hast du das Feuer angezündet? Hast du Essen gekocht? Nein! Nichts hast du getan!"

Der Großvater rauchte schweigend weiter, als habe er nichts gehört und nichts gesehen. Die Großmutter schüttelte den Kopf und murmelte: „Jetzt streiten sie schon wieder! Alle im Dorf können es hören. Wer hat da noch Achtung vor ihnen?"

Sching hatte sich im Gebüsch verkrochen. An diesem Morgen würde Mong bestimmt genauso unausstehlich sein wie am Tag zuvor. Kleiner Wolf blieb bei den Großeltern und wartete, bis Mong aus der Hütte kam, Sching herbeilockte und sich einer Schar größerer Jungen anschloss, die auf die Jagd ging. Dann erst nahm Kleiner Wolf den Fischhaken und schlenderte mit Wahki und Schahka das Seeufer entlang zu dem freien Platz am Ende der Lichtung, wo Blaukehlchen und die anderen Kinder des Dorfes schon spielten.

Die Mädchen bauten aus Zweigen und Rinde kleine Hütten für ihre Puppen. Die Jungen übten sich im Pfeilschießen. Als Kleiner Wolf kam, scharten sich alle um ihn, wollten seinen neuen Spielgefährten anschauen und streicheln. Die vielen Zweibeiner verwirrten Wahki, er wusste nicht, sollte er sich fürchten oder vor Wohlbehagen schnurren.

Als die Kinder sich wieder ihren Spielen zuwandten, stieg Wahki ins seichte Uferwasser. Schahka hatte sich der Länge nach ausgestreckt, den Kopf auf den Pfoten, und döste vor sich hin. Kleiner Wolf wählte zum Fischen eine vorspringende Steinplatte, wo das Wasser tiefer war. Sein Freund Api, der in einer Hütte nahe dem Waldrand wohnte, hatte ebenfalls einen Fischhaken mitgebracht und leistete ihm Gesellschaft.

So ein Fischhaken bestand aus einem handlichen Stock, an dem ein Knochensplitter mit zwei scharfgeschliffenen Spitzen und seitlich eingeschnittenen widerhakenförmigen Kerben befestigt war. Kleiner Wolf und Api steckten Fleischstückchen an die Haken und hielten sie ins Wasser. Kam ein Fisch herangeschwommen und wollte sich den Köder schnappen, genügte eine blitzschnelle Bewegung – und schon hing die Beute am Widerhaken!

Wahki stellte fest, dass man hier am See ebenso gut auf Nahrungssuche gehen konnte wie am Bach. Als Kleiner Wolf eine fette Forelle aus dem Wasser zog, zappelte in Wahkis Pfoten ein Weißfisch, der sofort verspeist wurde.

„Api! Machen wir es wie Wahki – nur mit den Händen!", schlug Kleiner Wolf vor.

Sie legten die Fischhaken weg und wateten ein Stück in den See hinaus. Das Wasser flimmerte im Sonnenlicht, so klar und durchsichtig, dass man hätte meinen können, es sei Luft. Jeder kleinste Stein, jedes Sandkorn auf dem Grund war deutlich auszunehmen. Kleiner Wolf und Api warteten, bis die Fische sich beruhigt hatten, in Scharen näherkamen und ihnen um die Beine strichen, dann griffen sie mit beiden Händen ins Wasser. Aber immer waren die Fische schon wieder weggeflitzt, bevor Kleiner Wolf und Api zupacken konnten.

Wahki lief am Ufer hin und her und girrte und trillerte, als wollte er sagen: Seid ihr aber ungeschickt! Ihr Zweibeiner wisst nicht, wie ihr eure Pfoten gebrauchen müsst!

Die Hütten für die Puppen waren fertig gebaut. Blaukehlchen und ihre Freundinnen saßen beisammen und formten aus feuchter Tonerde allerlei Tiere – Elche und Hirsche, Bären und Wildkatzen und Vögel. Mahni, die Schwester Apis, nahm sich Wahki zum Vorbild. Ein Stück entfernt vom Spielplatz der Kinder holten die Mütter Fischnetze aus dem Wasser, hängten sie zum Trocknen aus und vergewisserten sich, dass nirgendwo ein Loch war. Fischnetze aus Nesselfasern oder aus den Fasern der Rinde von jungen Lindenbäumen zu knüpfen war eine mühsame Arbeit, deshalb achteten die Frauen sorgfältig, dass keines der Netze beschädigt wurde.

Im Schilf ratschten und quakten und schnatterten unzählige Enten und Gänse. Schwäne trompeteten, Reiher flogen auf und ließen sich wieder nieder. Ein grünblau blitzender Eisvogel saß auf einer Weide und spähte nach Beute aus. Sobald er einen

Fisch entdeckt hatte, tauchte er wie ein Pfeil kopf-
über ins Wasser.

Kleiner Wolf hatte endlich einen Weißfisch mit
den bloßen Händen erwischt und gleich danach fing

Api einen jungen Barsch. Wahki war satt und planschte nur noch zum Vergnügen im Wasser umher und untersuchte die bunten Kiesel auf dem Grund. Er holte einmal diesen, dann jenen heraus, tastete ihn ab und steckte ihn probeweise ins Maul. Hoch oben in den Baumkronen beobachtete ihn dabei eine Elster. Wie alle Elstern war sie neugierig und außerdem eine erfahrene Diebin; oft genug hatte sie mitten aus dem Dorf einen Fleischhappen gestohlen. Sie hüpfte immer tiefer von Ast zu Ast und machte sich zum Überfall bereit.

Einer der Kiesel war besonders schön, blank gerieben vom Wasser und rund wie ein Vogelei. Wahki trug ihn ans Ufer und rollte ihn auf dem sandigen Boden hin und her. Darauf hatte die Elster gewartet, sie stürzte kreischend herab, schnappte den Kiesel und flüchtete in die Baumkronen zurück.

Alles Zetern nützte nichts, die freche Diebin war längst im Wald verschwunden. Die Zweibeiner kamen herbeigelaufen und stimmten ihr sonderbares Gelächter an. Wahki sträubte den Pelz und knurrte zornig.

Als er sich wieder beruhigt hatte, wollte er wissen, was die Zweibeiner mit den langen Haaren trieben. Er tappte zu den Puppenhütten, zog da einen Zweig aus dem Boden und nahm dort ein Stück Rinde weg. Blaukehlchen und ihre Freundinnen hockten im Kreis um ihn. „Schaut, was er jetzt tut!", riefen sie. – „Seht doch, seine Pfoten! Wie geschickt er ist!" „Er hat Finger wie wir!" – „Er ist eben einer von den Kleinen Menschen!"

Weil die Laute der Zweibeiner freundlich klangen, hielt Wahki es für eine Aufforderung, sich weiter zu betätigen. Er zerlegte Mahnis Hütte, um nachzusehen, was drin war, und holte die Puppen heraus. Bevor er sie ebenfalls zerlegen konnte, hatte Mahni sie ihm weggenommen. „Nein, das darfst du nicht tun!", sagte Blaukehlchen.

Obwohl schwer zu begreifen war, warum die Zweibeiner das eine verboten und das andere erlaubten, ließ Wahki die Puppenhütten in Ruhe. Sein Blick fiel auf die aus Erde geformten Tiere, die zum Trocknen in der Sonne standen. Sofort strolchte er hin und begann sie zu untersuchen. Er beschnüffelte sie, leckte daran und drehte und knetete sie in den Pfoten. All die Hirsche, Bären und Elche, die Vögel und auch sein eigenes Ebenbild wurden zu formlosen Klumpen, die er enttäuscht fortwarf, weil sie zu nichts taugten.

Blaukehlchen kniete vor Wahki nieder, drohte ihm mit dem Zeigefinger, brachte aber vor Lachen kein Wort heraus. Das laute Geschrei der anderen Zweibeiner schüchterte Wahki ein. Er kroch auf Blaukehlchens Schoß und versteckte den Kopf in ihrer Armbeuge.

Um die Mittagszeit zündeten die Kinder ein Feuer an, rösteten die gefangenen Fische in der heißen Glut und aßen sich satt. Auch Wahki erhielt seinen Anteil an der Mahlzeit. Dann kletterte er auf einen nahestehenden Baum, legte sich faul ins Geäst, ließ die Pfoten herunterbaumeln und verschlief fast den ganzen Nachmittag.

Kleiner Wolf und seine Gefährten machten einen Wettlauf. Blaukehlchen und Mahni und die anderen Mädchen gingen mit ihren Müttern in den Wald und sammelten Reisig.

Als die Schatten lang wurden, kam Wahki ausgeruht vom Baum herunter und vergnügte sich wieder im seichten Wasser. Kleiner Wolf streckte sich bäuchlings auf dem flachen Uferstein aus und stützte den Kopf in die Hände. In den schräg einfallenden Strahlen der Sonne glänzte der Wasserspiegel, lang gezogene träge Wellen liefen leise plätschernd an den Strand, es sah aus, als atme der See. Vögel huschten in den Binsen umher.

Wahki stieg an Land und zupfte mit triefend nassen Pfoten das Zweibein an Ohren und Haaren. Kleiner Wolf rollte sich vom Stein herunter und balgte sich mit Wahki herum, während Schahka daneben saß und Wache hielt.

Die größeren Jungen kehrten – einer nach dem anderen oder in kleinen Gruppen – aus dem Wald zurück. Ein paar Hunde liefen herbei, aber Schahka vertrieb sie rasch wieder. Kleiner Wolf spielte sorglos mit Wahki weiter und merkte erst viel zu spät, dass es besser gewesen wäre, auf der Hut zu sein.

Am Waldrand tauchten Mong und Sching auf. Kaum hatte Sching die Witterung des Waschbären aufgenommen, streckte er den Schwanz angriffslustig in die Höhe. Er stürmte laut bellend daher, konnte nicht mehr rechtzeitig bremsen, als Schahka ihm den Weg verstellte, und prallte mit voller Wucht auf ihn.

Wild um sich schlagend kollerten die Hunde zu Boden. Wahki suchte sein Heil in der Flucht und rannte zum Kletterbaum, auf dem er den Nachmittag verschlafen hatte. Bevor Sching begriff, dass ihm die Beute entwischt war, hockte Wahki schon oben auf einem der Äste.

Sching schüttelte Schahka ab, sprang hechelnd und japsend am Stamm hoch. Als er einsehen musste, dass es aussichtslos war, wirbelte er herum und fiel Schahka an.

„Fass ihn, Sching!", schrie Mong. „Gib's ihm! Beiß zu!"

Oben im Baum saß Wahki, fauchend und zischend, die Haare gesträubt, dass er einem Stachelschwein glich, und unter dem Baum kämpften die Hunde, zähnefletschend, knurrend und heulend vor Wut.

In diesem ineinanderverbissenen Knäuel wusste man nicht, welcher Schwanz und welche Pfote zu wem gehörte. Kleiner Wolf hob einen Stein auf und ließ ihn wieder fallen, denn er hätte ebenso gut Schahka treffen können wie Sching. Vor hilflosem Zorn sprangen ihm die Tränen in die Augen. Im nächsten Augenblick jaulte Schahka klagend auf. Schings Zähne schlossen sich um seine Kehle. Obwohl ein Hund, der auf Leben und Tod kämpft, in Raserei verfällt und blindwütig jeden angreift, der sich einmischt, stürzte Kleiner Wolf sich mit bloßen Händen auf Sching.

Bevor ein Unglück geschehen konnte, griff aber der Vater ein, der den Kampflärm gehört hatte und herbeigeeilt war. Er hielt Kleiner Wolf zurück, packte einen Prügel und versetzte Sching einen kräftigen Schlag auf den Schädel. Dann riss er ihn am Nacken hoch und schleuderte ihn fort. Halb betäubt und plötzlich ernüchtert, duckte Sching sich auf den Boden und winselte.

„Lasst den Waschbären in Ruhe!", sagte der Vater zu Mong. „Hast du vergessen, dass ein Anischinabe nicht über jemanden herfällt, der schwächer ist als er? Du weißt, dass Schahka alt ist und sich nicht wehren kann."

Mong zog kleinlaut mit Sching ab.

Von irgendwoher aus dem Dorf war die keifende Stimme seiner Mutter zu hören. Der Vater schaute zu den Hütten hin und machte ein Gesicht, als tue Mong ihm Leid.

„Er hat Sching auf Wahki gehetzt!", stieß Kleiner Wolf hervor. „Er hat es absichtlich getan, Vater!"

Wahki saß oben im Geäst und grollte vor sich hin.

„Alles ist gut ausgegangen, mein Sohn", sagte der Vater. „Dein Waschbär ist auf den Baum geklettert und das war genau das Richtige. Er muss lernen, wie man sich vor Feinden schützt."

Der Vater lächelte Kleiner Wolf an, warf den Prügel fort und ging ins Dorf zurück.

Schahka leckte eine Wunde am Vorderbein. Kleiner Wolf schlang die Arme um ihn und flüsterte, dass Mong und Sching es noch einmal bereuen würden. Eines Tages, wenn er – Kleiner Wolf – groß und stark geworden war, würde er sich rächen und den beiden alles zweifach zurückgeben, was sie heute Schahka angetan hätten!

Schahka fuhr ihm mit der Zunge übers Gesicht, als wollte er sagen: Kränk dich nicht! Mir geht es schon wieder gut! Dann lockte Kleiner Wolf seinen Waschbären vom Baum herunter. Nach vielen freundlichen Worten verließ Wahki endlich den sicheren Zufluchtsort, war aber noch immer so aufgeregt, dass er unsichtbare Feinde anzischte, und wenn Schahka oder Kleiner Wolf ihm zu nahe kamen, knurrte er.

Er beruhigte sich erst, als Blaukehlchen, die vom Reisigsammeln heimgekommen war, ihn aufhob und streichelte. Er fauchte noch ein paar Mal, erlaubte Blaukehlchen aber, dass sie ihn am Hals kraulte, und bald ging sein Murren in ein zufriedenes Grillen über.

Sie setzten sich nebeneinander ans Ufer und Kleiner Wolf erzählte, was geschehen war. Blaukehlchen hatte Wahki auf den Schoß genommen und hörte zu. Niemand konnte so gut zuhören wie Blaukehlchen, fand Kleiner Wolf und fühlte sich gleich besser.

Wahki war wieder zum Spielen aufgelegt. Er zupfte und zerrte an Blaukehlchens Zöpfen, bis er heraushatte, wie man die roten Haarbänder löste. Als er das Haar mit den Pfotenfingern heillos zerzauste und Blaukehlchen zu lachen anfing, lachte auch Kleiner Wolf und vergaß seinen Zorn.

Glückliche Tage

In den ersten Nächten, wenn Wahki wach wurde, vermisste er die Mutter und die Geschwister und suchte in der neuen Wohnhöhle wimmernd nach ihnen. Aber immer schloss ihn dann eines der Zweibeiner in die Arme und liebkoste ihn in den Schlaf. Allmählich verblasste die Erinnerung an den hohlen Baum, die Indianerfamilie wurde zu seiner eigenen Familie und ersetzte ihm Mutter und Geschwister. Er verlor jede Scheu, strolchte von Hütte zu Hütte und nahm das ganze Dorf in Besitz. Freilich, den Hunden war nicht zu trauen, vor allem, wenn Schahka nicht da war und ihn beschützte. Kam einer der Hunde zu nahe, war es am besten, sich zu den Zweibeinern zu flüchten oder irgendwo hinaufzuklettern, sei es auf einen Baum, ein Hüttendach oder einen Pfosten.

Die Dorfbewohner waren daran gewöhnt, dass ihre Kinder Tiere heimbrachten und aufzogen. Im Vorjahr waren es ein junger Bär und ein Hirschkalb gewesen. Sobald diese Spielgefährten groß genug geworden waren, um für sich selber zu sorgen, verschwanden sie eines Tages im Wald und niemand hinderte sie daran. Solange sie aber im Dorf lebten, wurden sie ebenso nachsichtig und freundlich behandelt wie die eigenen Kinder.

Wahki durfte im Dorf ungehindert auf Entdeckungsreisen gehen und nichts tat er lieber. Wie alle Waschbären lernte er schnell, und bald begann er die absonderlichen Laute der Zweibeiner halbwegs zu verstehen. Mit ihren Verbotslauten waren sie sehr freigiebig, lachten aber meist dabei und zeigten ihm auf diese Weise, dass alles nicht so ernst gemeint war.

Kein Stangengerüst, auf dem das in Streifen geschnittene Fleisch zum Trocknen in der Sonne hing, war vor ihm sicher. Er kletterte hinauf, knabberte an diesen Leckerbissen oder warf sie, wenn er nicht hungrig war, von der Stange hinunter. Scharten sich dann die Zweibeiner mit allerlei Drohgebärden um ihn, fühlte Wahki sich als Mittelpunkt, was er sehr genoss.

Spannten die Frauen Tierhäute auf dem Boden aus und reinigten sie mit Knochenschabern, musste er dabei sein. Er setzte sich mitten auf die Tierhaut und tappte mit den Pfoten nach den Schabern. Er stieg in die Hängematten und kitzelte die Babys mit seinem Schwanz. Weil es verboten war, Vorratskörbe anzurühren und zu untersuchen, machte es ihm besonderen Spaß, möglichst viele umzuwerfen, sobald die Zweibeiner gerade nicht hinschauten.

Wenn die Großmutter oder die Mutter vor der Hütte saßen und mit der Knochenahle, einer spitzen Knochennadel und mit Tiersehnen ein Hemd oder einen Kittel nähten, kletterte Wahki auf ihren Schoß und wollte mitspielen. Setzten sie ihn auf den Boden, zirpte er ungehalten. Hatte Blaukehlchen bunte Stachelschweinsborsten den Farben nach auf einem Stück

Birkenrinde ausgelegt, hielt die Ordnung nie lange an. Wahki fegte die Borsten gründlich durcheinander. Kaum ein Tag verging, an dem er nicht etwas anstellte, trotz aller Verbotslaute der Zweibeiner.

So viele Freunde Wahki im Dorf auch hatte, seine besten Freunde waren und blieben Kleiner Wolf und Schahka. Stundenlang streifte er mit ihnen im Wald umher, wo jeder Schattenwinkel, jeder gestürzte morsche Baumstamm gute Jagdbeute verhieß. Sie fischten gemeinsam am Seeufer oder lagen irgendwo im Gras. Während Wahki vor sich hindöste, lauschte Kleiner Wolf dem Gesang der Vögel und schaute den Wolken nach, die über den Himmel wanderten.

Kleiner Wolf besaß ein eigenes kleines Birkenrindenkanu, das er mit Hilfe des Vaters und des Großvaters gebaut hatte. Fuhren sie auf den See hinaus, kniete Kleiner Wolf hinten im Heck, paddelte und steuerte das Kanu. Schahka saß in der Mitte. Vorne im Bug hockte Wahki, hielt sich hochaufgerichtet mit den Vorderpfoten am Kanurand fest und trillerte vor Vergnügen.

Manchmal leistete ihnen Blaukehlchen Gesellschaft, manchmal waren sie ganz allein draußen auf dem See. Der Wasserspiegel glänzte, Sonnenfunken tanzten. Mit rhythmischen, ruhigen Schlägen tauchte Kleiner Wolf das Paddel ein und hob es wieder. Enten und Gänse flogen vor ihnen auf und ließen sich, wenn das Kanu vorübergeglitten war, erneut aufs Wasser nieder.

Sie fuhren zu versteckten, einsamen Winkeln, wo Schilf und Ried über ihren Köpfen aufragte. Wenn sie sich ganz still verhielten, kamen Reiher näher und holten Fische und Frösche aus dem Wasser. Enten gründelten oder eine Schar Schwäne schwamm heran.

Manchmal fielen ein paar Tauchervögel ein und vollführten ihre Kunststücke. Diese Vögel mit dem schwarzen, weiß gepunkteten Federkleid konnten fast den halben See durchtauchen. Man wusste nie, wann und an welch weit entferntem Punkt sie wieder senkrecht aus dem Wasser hochstiegen, flügelschlagend und in einem Schauer von Tropfen. Kleiner Wolf konnte sich an ihnen nie satt sehen.

Manchmal nahm der Großvater ihn und seine zwei Gefährten im größeren Kanu der Familie mit und fuhr zu einem kleinen See, der abseits der üblichen Jagdgründe des Dorfes lag. Am Ende des großen Sees paddelte der Großvater ein Stück flussaufwärts und bog dann in einen Bach ein, dessen Mündung von Weidengestrüpp überwuchert war. Ein dichter Ahornhain säumte die Ufer des kleinen Sees, aus dem der Bach floss. Eigentlich war es nur ein größerer Weiher. Biber hatten darin eine Burg gebaut. Manchmal äste ein Elch in den Wasserlilien, manchmal trottete ein Bär daher und trank sich satt.

Der Großvater liebte diesen See – er hatte ihn Ahornsee genannt –, weil nur selten Menschen hinkamen und die Tiere daher keine Scheu kannten. Überall fanden sich Spuren und andere fast unsichtbare Zeichen, die sie hinterlassen hatten. Alles konnte der Großvater deuten. Jeder geknickte Halm, jeder Kiesel, der nicht auf seinem Platz lag, jede Vogelfeder erzählte ihm eine Geschichte. Wenn sie am Ufer saßen und die große Stille nur vom Schrei eines Falken oder dem Plätschern der Biber unterbrochen wurde, gab der alte Mann sein Wissen an den Enkel weiter. Kleiner Wolf horchte aufmerksam zu. Auch er liebte den See, freilich aus einem anderen Grund als der Großvater. Mong kannte die verborgene Bachmündung nicht und so bestand keine Gefahr, dass er hier auftauchte und den Frieden störte.

Sonst geschah es immer wieder, dass Mong und Sching über Schahka herfielen und den Waschbären auf einen Baum hetzten. Wahki merkte bald, dass es ratsam war, nicht nur Mong und Sching zu meiden, sondern auch die größeren Zweibeiner aus der Nachbarhütte. Als er einmal versehentlich auf ein Trockengerüst kletterte, das Mongs Mutter gehörte, kam sie schreiend angerannt und schlug ihn mit einer Gerte auf die empfindliche Schnauze. Vor Schreck ließ Wahki sich vom Gerüst fallen und flüchtete.

Auf kleinen Feldern am Waldrand zogen die Dorfbewohner Mais, Bohnen und Kürbis. Eines Tages tappte Wahki neugierig zwischen den jungen Pflanzen umher. Dabei entdeckte ihn Mongs Vater und hätte ihn fast totgeschlagen, wäre nicht Schwarzvogel, einer der jungen Männer, dem Waschbären zu Hilfe gekommen.

Am nächsten Morgen schüttelte wieder einmal jeder im Dorf den Kopf über Mongs Vater und Mutter, und alle Großeltern ermahnten die Enkelkinder, ja niemals so streitsüchtig zu sein wie diese beiden. Mong und Sching rannten fort und suchten Zuflucht im Wald.

Eine Weile später, als Kleiner Wolf den Bach entlang streifte, sah er, wie Mong bäuchlings am Ufer lag und schluchzend mit den Fäusten auf die Erde trommelte. Kleiner Wolf stahl sich unbemerkt davon und empfand beinahe so etwas wie Mitleid. Was für ein Glück, dachte er, dass ich keine solchen Eltern habe wie Mong!

Wahki als Brautwerber

Mahni und Api hatten eine ältere Schwester, die Schöner Weidenbaum hieß. Kein anderes Mädchen im Dorf hatte so flinke und geschickte Finger wie sie, keines konnte so kunstvolle Muster aus Stachelschweinsborsten sticken, keines ein Fell so weich gerben. Ihre Kittel hatte sie mit Elchzähnen und Fransen geschmückt und immer trug sie buntbestickte Bänder in den Haarflechten. Selbst bei der schwersten Arbeit bewegte sie sich anmutig, als sei alles keine Mühe für sie.

Viele der jungen Männer hätten sie nur zu gern geheiratet, wie Bärenklaue zum Beispiel, der beste Jäger im Dorf, oder Flinker Otter, der beste Flötenspieler. Bis jetzt hatte Schöner Weidenbaum aber noch keinen erhört. Während mancher es bald aufgab, um sie zu werben, blieb ihr einer treu ergeben, und das war Schwarzvogel.

Mahni und Api waren überzeugt, dass Schwarzvogel der richtige Mann für Schöner Weidenbaum wäre. Schwarzvogel war stets hilfsbereit, besonders zu alten Leuten und vor allem zu Kindern. Wenn man den besten Pfeil irgendwo im Schilf verloren hatte, half er bei der Suche und fand ihn bestimmt. Er gab die eigene Jagdbeute her, wenn einer der Jungen kein Glück gehabt hatte und nicht mit leeren Händen heimkehren wollte. Er führte sie zu Kaninchenbauten und zu den Höhlen der Waldmurmeltiere. Den kleinen Mädchen schenkte er Stachelschweinsborsten und Eichhörnchenbälge. Wenn eine Knochennadel brach, war er sofort bereit, eine neue zu feilen. Baten ihn die Jungen um Pfeilspitzen, klopfte und hämmerte er geduldig Steinsplitter zurecht, bis sie so scharf waren wie Vogelkrallen.

Mahni und Api hätten sich nichts Besseres wünschen können, als diesen jungen Mann in der Familie zu haben. Und sie wussten, dass die Eltern ebenso dachten. Aber was nützte das! Schöner Weidenbaum, auf die es ja ankam, hielt nichts von Schwarzvogel. Wenn die Eltern oder wer immer ihn lobten und auf seine Vorzüge hinwiesen, hörte sie schweigend und gleichgültig zu. Wenn die Mädchen im Dorf sie neckten und lachend behaupteten, keiner sei so in sie verliebt wie Schwarzvogel, dann warf sie den Kopf zurück und meinte, davon merke sie nichts und wolle auch nichts davon wissen.

„Schwarzvogel ist zu bescheiden!", sagte die Großmutter einmal zum Großvater. „Er kennt seinen eigenen Wert nicht. Auf diese Weise kommt er nie zu einer Frau!"

Nun war Bescheidenheit eine jener Eigenschaften, die von den Anischinabe geschätzt wurden, sie ermahnten ihre Kinder stets, sich nicht vorzudrängen, nicht anzugeben und nicht zu prahlen. Aber eine gute Eigenschaft kann man auch übertreiben und das war bei Schwarzvogel der Fall.

Holte Schöner Weidenbaum am Morgen Wasser, eilten die anderen jungen Männer zum See und hofften, einen Blick oder ein freundliches Wort von ihr zu erhaschen. Schwarzvogel aber stand irgendwo abseits und schaute bloß sehnsüchtig zum Ufer hin. Begegneten er und Schöner Weidenbaum einander im Dorf, brachte er kein Wort heraus. Und jedes Mal schritt Schöner Weidenbaum an ihm vorbei, als sei er nicht vorhanden.

Eines Morgens, als Schwarzvogel wieder einmal abseits stehen blieb, rief ihn der Großvater zu sich. Schwarzvogel setzte sich vor der Hütte nieder und blickte Schöner Weidenbaum nach, die mit dem gefüllten Wassereimer heimging.

„Sie könnte eine schlechtere Wahl treffen als dich, Schwarzvogel!", sagte die Großmutter.

Wahki strolchte neugierig herbei und trillerte erfreut, als er sah, wer zu Besuch gekommen war. Dieses Zweibein, das ihn im Maisfeld beschützt hatte, besaß alle Eigenschaften, die Wahki schätzte. Für ihn gehörten jene Zweibeiner zur besten Sorte, in deren Wohnhöhlen er willkommen war, die ihm Leckerbissen zusteckten und die nie ungeduldig wurden, auch wenn er noch so viel anstellte.

Wahki zupfte Schwarzvogel an den Mokassinbändern, um zu zeigen, dass er bereit war, sich streicheln zu lassen. Schöner Weidenbaum war in ihrer Hütte verschwunden und kam nicht mehr zum Vorschein, mochte Schwarzvogel noch so sehnsüchtig hinstarren. Wahki zirpte ungeduldig. Merkst du nicht, dass ich da bin? hieß das. Schwarzvogel kraulte ihm geistesabwesend das Fell entlang der Rückenlinie. Wahki begann zu schnurren.

Der Großvater hatte sich die Pfeife angezündet und rauchte schweigend. Blauer, durchsichtiger Rauch kräuselte hoch.

„Warum gehst du nicht zu ihren Eltern, Schwarzvogel?", fragte die Großmutter. „Sie würden dich gern als Sohn aufnehmen."

„Aber sie wird mich nicht haben wollen", murmelte Schwarzvogel. Er streichelte Wahki, ohne zu merken, dass er es tat. Wahki kletterte ihm aufs Knie und biss ihn als Zeichen der Zuneigung sanft ins Ohrläppchen.

„Jag einen Hirsch!", schlug der Großvater vor. „Und trag ihn in ihre Hütte. Dann wirst du schon sehen, ob sie dein Geschenk annimmt oder nicht."

„Und wenn sie es nicht tut?", fragte Schwarzvogel. „Dann ist alles aus und vorbei. Nein, das wage ich nicht! Bärenklaue ist ein viel besserer Jäger als ich. Bestimmt wird sie einen wählen, der so tüchtig ist wie er!"

„Spiel doch auf der Liebesflöte!", sagte die Großmutter.

Schwarzvogel murmelte, dass es viel bessere Flötenspieler im Dorf gab, Flinker Otter zum Beispiel. Dann setzte er Wahki auf den Boden und ging niedergeschlagen fort.

An jenem Tag beschloss Bärenklaue, sein Glück zu versuchen. Er war sicher, dass er erfolgreich sein würde. Entsprechend der Sitte im Dorf, jagte er einen Hirsch und trug ihn in die Hütte seiner Auserwählten. Schöner Weidenbaum saß neben der Feuergrube und knüpfte ein Fischnetz.

„Ich habe einen Hirsch für dich gejagt", sagte Bärenklaue, legte seine Beute vor ihr nieder und wartete gespannt. Er hoffte, sie würde aufstehen, ein Messer nehmen und den Hirsch häuten. Auf diese Weise zeigte ein Mädchen, dass es den Bewerber zum Mann haben wollte. Mahni und Api warteten auch gespannt, nur erhofften sie das Gegenteil. Schöner Weidenbaum blieb ruhig sitzen, knüpfte weiter an ihrem Fischnetz und rührte den Hirsch nicht an.

Mahni und Api eilten mit der guten Nachricht sofort zu Kleiner Wolf und Blaukehlchen. Im ganzen Dorf sprach es sich schnell herum, dass Bärenklaue vergeblich um Schöner Weidenbaum geworben hatte.

Am Abend desselben Tages spielte Flinker Otter auf seiner Flöte die schönsten Liebeslieder, die er sich ausgedacht hatte. Trat Schöner Weidenbaum aus der Hütte, um seinem Flötenspiel zu lauschen, dann wusste er, dass sie ihn und keinen anderen heiraten wollte. Blieb sie in der Hütte, so wusste er, dass er vergeblich um sie warb. Flinker Otter war ebenso zuversichtlich, wie Bärenklaue es gewesen war. Allerdings konnte er nicht lange ungestört spielen. Die Töne der Flöte, süß wie der Gesang der Nachtschwalben, zogen Wahki unwiderstehlich an. Er trottete trillernd herbei und hockte sich erwartungsvoll vor das Zweibein hin, das die wunderbaren Töne erzeugte. Der ungebetene Besucher störte Flinker Otter bei seinem kunstvollen Vortrag. Flinker Otter setzte die Flöte ab und zischte: „Verschwinde!"

Wahki hielt es für eine Aufforderung, ihm an den Beinen hochzuklettern. Als Flinker Otter ihn nicht gerade sanft mit dem Fuß beiseite stieß, merkte Wahki, dass dieses Zweibein nicht zur besten Sorte gehörte, und trollte sich gekränkt.

Mahni und Api lugten durch die Türöffnung und teilten der Schwester flüsternd mit, was draußen vorging. „Oh, jetzt hat er Wahki mit dem Fuß getreten!"

„Den will ich nicht in unserer Hütte haben!", murmelte Api.

Schöner Weidenbaum saß neben der Feuergrube, die Hände im Schoß und die Augen halb geschlossen. Sie schien mit ihren Gedanken weit weg zu sein. So saß sie noch immer da, als der Mond schon aufgegangen war, als Sterne am Himmel blinkten und Flinker Otter endlich begriff, dass er vergeblich auf seiner Flöte spielte.

Am nächsten Morgen ging Schwarzvogel zu einem einsamen Fleck am See und blieb dort viele

Stunden. Er hatte seine Flöte bei sich, griff von Zeit zu Zeit danach und legte sie jedes Mal wieder weg. Sollte er heute Abend spielen? War es nicht besser, es gar nicht zu versuchen, als abgewiesen zu werden?

Die Sonne stieg höher und höher. Gegen Mittag entdeckten ihn Kleiner Wolf und Blaukehlchen, die mit Mahni und Api, Wahki und Schahka das Ufer entlanggewandert waren. Sie hockten sich im Kreis um Schwarzvogel.

„Spiel auf der Flöte!", bat Mahni. „Du kannst es so gut wie Flinker Otter."

„Nein, das kann ich nicht", sagte Schwarzvogel und blies probeweise ein paar Töne – zum Entzücken Wahkis.

„Siehst du, ihm gefällt es!", rief Mahni.

„Und wenn es Wahki gefällt, dann gefällt es auch unserer Schwester", behauptete Api kühn.

„Glaubst du?", fragte Schwarzvogel nicht sehr überzeugt.

„Ganz gewiss!", antworteten alle gemeinsam.

Als es Abend wurde, spielte Schwarzvogel für Schöner Weidenbaum auf der Flöte. Er stellte sich aber nicht vor der Hütte auf wie Flinker Otter, sondern setzte sich ein Stück entfernt auf einen Baumstumpf am Waldrand. Um sich Mut zu machen, hatte er Wahki mitgenommen. Im Unterholz unter den Bäumen wob die Dämmerung ihr graues Licht. Dort, wo der Mond sich bald am Himmel erheben würde, säumte ein sanfter Schein die dunklen Wipfel.

Schwarzvogel hob die Flöte an die Lippen. Er

wollte ein Liebeslied spielen, aber es wurde eine schwermütige Weise daraus. Die abendliche Stille trug die Flötentöne durchs ganze Dorf und lockte die Menschen aus ihren Hütten.

„Er spielt für dich", flüsterte Mahni ihrer Schwester zu.

Api stand in der Türöffnung und gab Kleiner Wolf durch allerlei Zeichen zu verstehen, wie aufgeregt er war. Kleiner Wolf und Blaukehlchen saßen mit den Eltern und Großeltern neben dem rotglosenden Feuer, das langsam erlosch.

Alle im Dorf wussten, dass Schwarzvogel für Schöner Weidenbaum spielte. Wahki freilich war überzeugt, dass dieses Zweibein, das zur besten Sorte gehörte, nur seinetwegen die wunderbaren Töne erzeugte. Er spürte, wie die Töne der Flöte auf die angenehmste Weise seinen Körper durchrieselten, als streichle ihn eine Hand. Und diesmal brauchte er keine Angst zu haben, dass er fortgejagt wurde. Er umfasste mit den Vorderpfoten vertrauensvoll Schwarzvogels Beine, hielt den Kopf schief, einmal auf die eine Seite, einmal auf die andere, und lauschte hingerissen. Ein leises Grillen kam aus seiner Kehle.

„Ja, ja, dir gefallen meine Lieder", wisperte Schwarzvogel.

„Schwester! Schwester!", riefen Mahni und Api. „Komm! Schau dir Wahki an!"

Der Mond erhob sich am Himmel und legte einen schimmernden Pfad aus Licht über den See. Jetzt wollte Wahki wissen, was es mit dem sonderbaren Stock auf sich hatte, aus dem die Töne kamen. Er reckte sich hoch und griff nach der Flöte. Schwarzvogel unterbrach sein Spiel und reichte sie ihm.

Wahki drehte die Flöte in den Pfoten und steckte das verkehrte Ende ins Maul.

„Schwester, Schwester, komm!", riefen Mahni und Api. „Wahki will auf der Flöte spielen. Das musst du dir ansehen!"

Und dann hielten sie den Atem an. Schöner Weidenbaum stand auf und ging zur Türöffnung. Draußen am Waldrand fingerte Wahki neugierig an der Flöte herum, während Schwarzvogel zwischendurch immer wieder ein paar Töne blies. Es sah aus, als wollte er dem Waschbären das Flötenspiel beibringen.

Schöner Weidenbaum trat vor die Hütte.

Schwarzvogel sah es und glaubte, das Herz stünde ihm still. Er nahm Wahki behutsam die Flöte weg und spielte, wie er noch nie im Leben gespielt hatte. Nur waren es jetzt keine traurigen Melodien mehr, sondern fröhliche.

„Endlich!", sagte die Großmutter.

Kleiner Wolf und Blaukehlchen lachten einander an.

Mahni und Api tanzten vor Freude.

Und die Dorfbewohner flüsterten einander zu, dass es Schwarzvogel sei, den Schöner Weidenbaum gewählt habe.

Sterne glitzerten. Vom Mondlicht angestrahlte Wolken schwammen am Himmel. Schwarzvogel spielte und spielte. Er spielte noch immer, auch als Schöner Weidenbaum längst in die Hütte zurückgegangen war, als alle im Dorf schon schliefen und selbst Wahki zu seinen Füßen eingeschlummert war.

Am nächsten Tag erlegte Schwarzvogel einen jungen Hirsch und trug ihn in die Hütte seiner zukünftigen Frau. Schöner Weidenbaum nahm das Geschenk wortlos an – wie es Sitte im Dorf war. Als sie den Hirsch gehäutet und zerteilt hatte, rösteten Mahni und die Mutter die besten Fleischstücke. Nach der gemeinsamen Mahlzeit gingen Schwarzvogel und Schöner Weidenbaum zum See und wanderten im milden Licht der späten Nachmittagssonne das Ufer entlang. Wahki lief hinter ihnen her.

Schwarzvogel hatte eine Frage an Schöner Weidenbaum, aber er fand und fand nicht den Mut, sie zu stellen. Schließlich blieb er stehen und hob Wahki auf.

Schöner Weidenbaum schaute auf den See. Nicht ein Windhauch bewegte das Wasser, nur dort, wo Enten gründelten, verliefen sich lang gezogene Ringe.

„Warum hast du mich gewählt?", murmelte Schwarzvogel in Wahkis Fell hinein. „Warum gerade mich?"

„Weil ich schon immer dich zum Mann haben wollte und keinen anderen", antwortete Schöner Weidenbaum. „Aber wie hätte ich es dir zeigen sollen? Wenn ich an dir vorüberging, hast du weggeschaut. Nicht einmal angesprochen hast du mich, als wärst du mit Stummheit geschlagen." Sie kraulte Wahki hinter den Ohren. „Ja, kleiner Waschbär", sagte sie, „ohne dich hätte er gestern Abend nicht für mich gespielt. Wenn es dich nicht gäbe, müsste ich noch immer warten!"

Schwarzvogel brachte kein Wort heraus, aber diesmal schien es Schöner Weidenbaum nicht zu stören, dass er stumm blieb. Sie lachte nur und sagte: „Ich will eine Hütte für uns beide bauen. Komm, suchen wir einen guten Platz!"

Die nächtliche Hirschjagd

Es war Hochsommer geworden. Tagsüber brannte die Sonne heiß vom Himmel, abends strich kühle Luft vom See her. Die Maispflanzen auf den kleinen Feldern standen schon hoch, Bohnen und Kürbisse blühten.

Schöner Weidenbaum und ihre Freundinnen hatten eine neue Hütte am Waldrand gebaut, neben dem Baumstumpf, auf dem Schwarzvogel auch jetzt noch oft saß und auf der Flöte spielte. Sooft Wahki Zeit fand, strolchte er zur Hütte hin, ließ sich mit Leckerbissen füttern und gründlich verwöhnen. Manchmal tauchte er auch nachts auf, tappte auf den Schlafenden herum, stieß sie zärtlich mit der Schnauze an, grillte ihnen die Ohren voll und gab sich erst dann zufrieden, wenn Schwarzvogel und Schöner Weidenbaum hellwach geworden waren.

Im Juli, dem Mond-der-Blaubeeren, wanderten die Frauen und Mädchen mit Rindenkörben in den

Wald, wo alle Büsche auf den Beerenschlägen reich mit Früchten beladen waren. Blaukehlchen und Mahni begleiteten ihre Mütter und Schöner Weidenbaum und halfen beim Pflücken. Stunden um Stunden füllten die Frauen und Mädchen einen Korb nach dem anderen. Dabei plauderten, sangen und lachten sie.

Kleiner Wolf nützte die schönen Sommertage auf andere Weise. Um einmal ebenso tüchtig zu sein wie der Vater, musste Kleiner Wolf noch viel lernen. Er übte Pfeilschießen, legte Schlingen im Wald, stellte Fallen auf, fischte und schwamm im See, paddelte im Kanu und lief mit den Freunden um die Wette. Was aussah wie ein Spiel, bereitete die Jungen auf ihre späteren Aufgaben vor.

Der Vater und der Großvater zeigten Kleiner Wolf die Plätze im Wald, wo man Wild aufspüren konnte. Sie lehrten ihn, wie man sich lautlos, ohne dass ein Zweig knackt oder ein Blatt raschelt, an ein Beutetier anschleicht. Alle Zeichen im Wald musste Kleiner Wolf deuten und lesen können. Er musste wissen, ob eine Spur alt oder frisch war und von welchem Tier sie stammte, er musste lernen, den oft kaum sichtbaren Fährten zu folgen.

In dunklen, mondlosen Nächten lockten der Vater und Kleiner Wolf vom Kanu aus Hirsche und Elche mit dem Licht der Fackel an. Diese nächtlichen Jagden fand Kleiner Wolf am allerschönsten und aufregendsten. Nur Wahki war immer sehr enttäuscht, weil er am Ufer zurückbleiben musste. Jedes Mal watete er ins Wasser, wollte ins Kanu klettern und keckerte ungehalten, wenn Kleiner Wolf es ihm nicht erlaubte. Fuhr das Kanu ohne ihn ab, lief er murrend am Ufer umher, bis er sich damit tröstete, unter den Steinen nach Muscheln und Krebsen zu suchen.

Kleiner Wolf hätte ihn gern mitgenommen, aber davon wollte der Vater nichts wissen. „Ein Waschbär im Kanu? Nein, mein Sohn! Wahki würde uns jeden Hirsch verscheuchen." Und weil der Vater nur selten etwas verbot, gehorchte Kleiner Wolf ohne Widerrede, so Leid es ihm auch tat.

An einem lauen Sommerabend saß Schwarzvogel auf dem Baumstumpf und spielte auf der Flöte. Ein halbwacher Vogel regte sich im Gezweig. Irgendwo im Wald stimmten Wölfe ihr Jagdlied an. Im Dorf bellte einer der Hunde, andere antworteten ihm und verstummten wieder.

In der immer dichter werdenden Dämmerung malten die abendlichen Feuer freundliche Lichter vor die Hütten. Schöner Weidenbaum saß vor der Hütte. Manchmal legte sie Reisig auf die Glut, dann schlugen die Flammen knisternd hoch und tauchten ihr Gesicht in roten Schein.

Kleiner Wolf und Wahki lagen nebeneinander im Gras und lauschten dem Flötenspiel. Eine dünne Wolkendecke überzog langsam den Himmel und löschte die ersten, schwach leuchtenden Sterne aus.

Schwarzvogel ließ die Flöte sinken. „Heute Nacht gehe ich im Kanu auf die Jagd. Kommst du mit, Kleiner Wolf?"

„Ja!", rief Kleiner Wolf und setzte sich auf. Wahki kletterte ihm auf die Schulter und zog ihn an den Haaren. „Er möchte so gern einmal dabei sein", sagte Kleiner Wolf. „Aber der Vater erlaubt es nie!"

„Dein Vater hat Recht", antwortete Schwarzvogel. „Wer nachts den Hirsch jagen will, muss lautlos sein wie Luchs und Wolf."

„Das weiß ich! Aber Wahki ist klug. Wenn ich ihm sage, dass er sich still halten muss, dann hält er sich auch still!"

Schwarzvogel schaute seine Frau fragend an. Schöner Weidenbaum erwiderte den Blick, lächelte unmerklich und nickte. Schwarzvogel verstand genau, was sie ihm sagen wollte: Wir haben genug zu essen. Es macht nichts, wenn du heute Nacht keine Beute heimbringst. Du siehst ja, wie sehr Kleiner Wolf es sich wünscht, und durch Erfahrung lernen, nützt mehr als gute Ratschläge!

In dieser Nacht bettelte Wahki nicht vergeblich, als Schwarzvogel und Kleiner Wolf das Kanu ins Wasser schoben. Wahki durfte einsteigen, was er mit einem freudigen Trillern allen, die es wissen wollten, verkündete. Vorne im Bug des Kanus stand der Feuertopf, den Schöner Weidenbaum mit glosendem Harz und Rindenstückchen gefüllt hatte. Daneben lag griffbereit eine Fackel.

„Wahki", erklärte Kleiner Wolf, „du musst dich ganz ruhig halten! So wie ich! Verstehst du?"

Wahki hörte mit gespitzten Ohren zu, als verstünde er jedes Wort.

Das Kanu glitt hinaus auf den dunklen See. In der
großen Schwärze der Nacht war der Feuertopf ein
winziger glühender Punkt. Hier und da blinkte ein
Stern durch ein Wolkenloch. Schwarzvogel paddelte

lautlos und steuerte das Kanu. Kleiner Wolf tauchte im gleichen Rhythmus und ebenso lautlos das Paddel ein. Nicht das leiseste Plätschern durfte verraten, dass Jäger unterwegs waren. Auch Wahki verhielt sich still und rührte sich nicht.

Nachdem sie eine Bucht umfahren hatten, steuerte Schwarzvogel aufs Ufer zu. Sie waren nun ganz nahe einer lang gezogenen Sandbank, wo jede Nacht Hirsche zur Tränke kamen.

Kleiner Wolf zog sein Paddel ein, entzündete die Fackel und befestigte sie an einem Holzring vorne am Kanu. Dann duckte er sich und drückte mit der Hand Wahki nieder. Schwarzvogel tauchte, doppelt so vorsichtig wie zuvor, das Paddel ins Wasser, legte es weg und tastete nach Pfeil und Bogen. Das Kanu trieb langsam weiter, immer näher zur Sandbank hin. Vom Ufer her kam ein leises Knacken, ein fast unhörbares Rascheln.

Kleiner Wolf spähte über den Rand des Kanus und sah vor den schattenhaften Umrissen der Bäume zwei Augen im Widerschein der Fackel aufleuchten. Reglos, selbst einem Schatten gleichend, stand dort ein junger Hirschbock.

Die Lichtquelle bannte ihn. Nach einem kurzen Zögern watete er ins seichte Wasser – er musste einfach näher kommen und erkunden, was das bedeutete! Kleiner Wolf hatte es oft genug erlebt, dass kein Hirsch, kein Elch dem Fackellicht widerstehen konnte. Sie, die sonst bei jedem geringsten verdächtigen Geräusch sofort die Flucht ergriffen, vergaßen alle

Vorsicht, wenn das seltsame, auf dem Wasser schwebende nächtliche Licht sie anlockte.

Im Nu hatte Schwarzvogel sich aufgerichtet und den Bogen gespannt. Der Bock erstarrte. Schon wollte Schwarzvogel den Pfeil von der Sehne fliegen lassen, als Wahki eingriff. Er ließ ein schrilles Geschrei ertönen, tanzte vor Aufregung und fiel beinahe ins Wasser. Bevor das gefährlich schwankende Kanu umkippen konnte, hatte Schwarzvogel es mit ein paar Paddelschlägen wieder ins Gleichgewicht gebracht. Und der Hirsch? Der war mit einem weiten Sprung geflüchtet und im Dunkel des Waldes verschwunden.

Kleiner Wolf hätte sich am liebsten ebenfalls in der schützenden Finsternis davongeschlichen. Schwarzvogel schien es jedoch nichts auszumachen, dass ihm die Beute entwischt war. Im Gegenteil. Er lachte und zauste Wahki das Fell. Wahki begann vergnügt zu schnurren und kam sich vermutlich wie ein Held vor, der seine Freunde vor einer Gefahr beschützt hatte.

Da musste auch Kleiner Wolf lachen.

Sie brachten Wahki ins Dorf zurück, setzten ihn am Ufer ab und fuhren ein zweites Mal zur Sandbank. In dieser Nacht erlegten sie dann doch noch einen jungen Bock.

Als Schwarzvogel und Kleiner Wolf aber aus dem Kanu stiegen und zu ihrer Beute wateten, sahen sie im Geäst eines Baumes Wahki sitzen. Er zirpte, er girrte, er trillerte und gab ihnen auf Waschbärenart zu verstehen, dass er sich prächtig unterhalten hatte, da oben auf seinem Aussichtspunkt. Dann kam er eilig herunter, stieg ins Kanu und grillte, als wollte er sagen: Da bin ich! Was hättet ihr ohne mich getan!

Von dieser Nacht an kam es immer wieder vor, dass Wahki heimlich am Ufer einem der Kanus folgte und die Jäger ihn oben in einem Baum als Zuschauer entdeckten. Alle im Dorf wunderten sich und meinten, so etwas hätten sie noch nie erlebt, Wahki müsse ein besonders kluger Waschbär sein. Manche der Männer behaupteten sogar, er bringe ihnen Glück auf der Jagd. Ob sie das nun wirklich glaubten oder es Kleiner Wolf zuliebe sagten – wer konnte das wissen!

Die Reisernte

Zwischen dem Spielplatz der Kinder und der nächsten Bucht stand nahe am Ufer ein alter hohler Ahorn. Dieser Baum zog Wahki unwiderstehlich an. Immer wieder trottete er hin, kletterte den Stamm hinauf und kroch in die Höhle. Wie gut es da drinnen im Halbdunkel nach morschem Holz roch! Wenn Wahki sich in der Höhle zusammenrollte, stiegen dann Erinnerungen in ihm auf an den anderen alten Baum, in dem er geboren worden war? Hatte er seine

Mutter und die Geschwister doch nicht ganz vergessen? Vielleicht liebte er aber den alten Baum einfach nur deshalb, weil alle Waschbären in solchen Höhlen während des Winters Schutz finden und weil jede Waschbärenmutter einen solchen Baum sucht, bevor ihre Jungen auf die Welt kommen.

Obwohl Kleiner Wolf viel zu tun hatte und viel lernen musste, blieb ihm genügend Zeit zum Nichtstun. An windstillen, heißen Tagen kletterte er mit Wahki oft in die mächtige Krone des alten Ahorns hinauf. Dann streckte Wahki sich auf einem der Äste aus, ließ alle vier Pfoten hinunterbaumeln und döste vor sich hin. Kleiner Wolf wählte einen breiten Astansatz als Ruheplatz, lehnte sich an den knorrigen, rissigen Stamm und machte es Wahki nach. Sonnenkringel tanzten im Laub. Im Gezweig huschten Meisen umher, Rotfinken, Zeisige und andere Singvögel. Gelegentlich ließ sich eine Schar Grauhäher laut keckernd nieder. Unten am Stamm hockte Schahka und hielt Wache.

Im August, dem Mond-des-Reisgrases, setzte der Mais Kolben an. Die Frauen und Mädchen ernteten Bohnen und Kürbisfrüchte und bereiteten schmackhafte Speisen daraus. Was nicht gleich verbraucht wurde, trockneten sie als Vorrat für den Winter.

Wie die anderen Kinder im Dorf genoss Kleiner Wolf den Sommer. Nahrung war reichlich vorhanden, jeder konnte sich satt essen. Manchmal gab es Ärger mit Mong und Sching, aber nicht mehr so oft wie früher. War Schwarzvogel im Dorf, ließ Mong den Waschbären in Ruhe.

Wenn Kleiner Wolf auch wünschte, es sollte immer Sommer bleiben, konnte er doch die letzten Augusttage kaum erwarten. Um diese Zeit wurde jedes Jahr der wilde Wasserreis gesammelt. Eine halbe Tagesreise entfernt vom Dorf lag mitten in den riesigen Wäldern eine Kette kleinerer und größerer Seen. An den versumpften Ufern wuchs der wilde Wasserreis, eine Grasart, deren Rispen voll nahrhafter Körner waren. Niemand hatte den Reis ausgesät, niemand hatte ihn gepflanzt – er wuchs von selbst wie die Beeren im Wald und diente Menschen, Vögeln und Tieren zur Nahrung.

Alle Kinder und alle Erwachsenen im Dorf freuten sich auf die Reisernte. Von nah und fern kamen auch die Bewohner anderer Dörfer zu der Seenkette, man besuchte einander, traf alte Freunde und schloss neue Freundschaften. Jedes Dorf und jede Familie hatte einen von altersher bestimmten Ernteplatz, keiner machte dem anderen das Recht streitig, dort die Körner einzusammeln.

Die alten Frauen bestimmten, an welchem Tag aufgebrochen wurde, sie wussten aus langer Erfahrung, wann der Reis den richtigen Reifegrad erreicht hatte. Erntete man zu früh, waren die Körner noch nicht ausgereift, kam man zu spät, waren die meisten Körner schon von den Rispen gefallen.

Die Wintervorräte wurden in sicheren Erdgruben verwahrt, die ungebetene Gäste aus dem Wald nicht plündern konnten. Am Tag der Abreise flackerten die Feuer im Dorf beim ersten Morgengrauen auf. Jeder aß sich noch einmal tüchtig satt. Dann wurden die Feuer gelöscht. Lachend und plaudernd kamen die Bewohner aus ihren Hütten und schleppten ans Seeufer, was sie für die Reisernte brauchten: Rollen aus

Birkenrinde, große und kleine Vorratskörbe und Körbe voll Trockenfleisch, geräucherten Fischen, Kürbisschnitten und Bohnen. Die Hunde bellten. Schahka wartete schwanzwedelnd darauf, dass er ins Kanu steigen durfte. Während die Mutter, Blaukehlchen und die Großmutter alles in den zwei Kanus der Familie verstauten, planschte Wahki im Wasser umher und trillerte laut vor Aufregung.

Als sich die Sonne über die Baumwipfel erhob, glitt ein Kanu nach dem anderen in den See hinaus. Der Großvater saß bei Kleiner Wolf im Kanu, Schahka hockte in der Mitte zwischen Rindenrollen und Körben und Wahki stand vorne am Bug, hielt sich mit den Vorderpfoten fest und ließ sich den leichten Fahrtwind um die Ohren streichen. Im Kanu des Vaters, das viel größer war, hatten die Großmutter, die Mutter und Blaukehlchen Platz genommen. In den nächsten zwei Kanus saßen Schwarzvogel und Schöner Weidenbaum und Mahni und Api mit ihren Eltern. Mong und Sching waren irgendwo weit hinten. Kleiner Wolf nahm sich vor, ihnen während der ganzen Reisernte aus dem Weg zu gehen.

Die Kanuflotte erreichte das Ende des Sees und fuhr den Fluss hinauf. Die Hütten des Dorfes blieben einsam und verlassen zurück. Ein Blauhäher kam aus den Baumkronen herabgeflogen, hüpfte bei den Feuerstellen umher und suchte nach Futter. Erdhörnchen liefen neugierig herbei, setzten sich auf die Hinterbeine und lauschten mit zuckenden Ohren, die

Schwanzspitze straff gespannt. Ein paar besonders Wagemutige huschten in die leeren Hütten hinein.

Inzwischen fuhren die Dorfbewohner weiter und weiter. Schwärme von Wasservögeln erhoben sich mit laut klatschenden Flügelschlägen und ließen sich wieder nieder, wenn das letzte Kanu vorbeigeglitten war. Die alten Männer in den Kanus sangen. Mit ihren Liedern erzählten sie den Vögeln und allem anderen Getier, dass die Anischinabe wie jedes Jahr auf dem Weg zum Reisgras-See waren, um dort zu ernten. Die Menschen vom Volk der Anischinabe glaubten ja fest daran, dass Flüsse und Seen dem Wasservogelvolk gehörten, den Fischen, den Bibern, den Ottern und Bisamratten und was sonst noch im und am Wasser lebte, und dass es daher die Höflichkeit verlangte, ihnen allen mitzuteilen, warum man durch ihr Gebiet paddelte.

Gegen Mittag erreichten die Dorfbewohner ihren Erntesee. Die Gerüststangen für die Hütten lagen noch vom letzten Jahr her ordentlich gebündelt an geschützten Plätzen unter den Bäumen. Es dauerte nicht lange und kleine rindenbedeckte Hütten standen entlang des Ufers. Mongs Eltern hatten ihre Hütte weit entfernt am anderen Ende des Lagers gebaut. Diesmal waren die nächsten Nachbarn Schöner Weidenbaum, Schwarzvogel, Mahni und Api und deren Eltern. Schahka konnte sich friedlich im Schatten der Hütte ausstrecken und schlafen, ohne Angst haben zu müssen, dass Sching über ihn herfiel. Kleiner Wolf und Blaukehlchen liefen mit Mahni und Api

in den Wald und sammelten Reisig. Als der Abend
dämmerte, flackerten die Feuer auf wie daheim im
Dorf. Wahki fühlte sich in der neuen Wohnhöhle so-
gleich zuhause, er rollte sich zwischen Kleiner Wolf

und Blaukehlchen zusammen und verschlief die ganze Nacht, müde von dem langen Tag.

Schon am nächsten Morgen begann die Ernte. Der Vater stakte das Kanu mit Hilfe einer langen Stange durch das seichte Wasser. Von Zeit zu Zeit durfte Kleiner Wolf ihn dabei ablösen, sonst half er der Mutter und Blaukehlchen. Sie packten ein Büschel Reisgras nach dem anderen, hielten es übers Kanu und schlugen mit kleinen Brettchen, die Paddeln glichen, die reifen Körner von den Rispen.

Überall zwischen den mannshohen Reisgräsern waren Dorfbewohner unterwegs. Fröhliche Rufe tönten von einem Kanu zum andern.

Die Großmutter und die anderen alten Frauen breiteten die mitgebrachten Rindenrollen vor den Hütten aus und schütteten den Reis darauf. Zuerst mussten die Körner in der Sonne trocknen, dann wurden sie auf flachen, im Feuer erhitzten Steinen geröstet.

An diesem Tag und auch an den nächsten Tagen fand Wahki vom Morgen bis zum Abend keine Ruhe. Er kletterte ins Kanu und fuhr mit zum Ernten. Die ganze Zeit plauderte er auf Waschbärenart, untersuchte die Grasbüschel, wühlte in den Körnern und warf sie – wenn man nicht aufpasste – wieder aus dem Kanu. Er kletterte dem Vater an den Beinen hoch und fiel wer weiß wie oft ins Wasser.

Musste er bei den Hütten zurückbleiben, unterhielt er sich ebenso gut. Die Großmutter grub einen Rindeneimer bis zum Rand in die Erde und schüttete

213

Körner hinein. Als Kleiner Wolf und Blaukehlchen mit mokassinbeschuhten Füßen den Reis stampften, damit sich Grannen und raue Schalen lösten, glaubte Wahki, das sei ein neues Spiel. Er wollte unbedingt hineinsteigen und auch im Eimer herumtanzen. Schaute die Großmutter einmal nicht her, tappte er zu den Rindenrollen, fegte die Körner herunter oder stopfte sie sich ins Maul. Alle Verbotslaute nützten nichts, Wahki hörte nicht darauf. Schließlich musste Schahka sich als Wächter neben die Rindenrollen setzen, sonst wäre die Ernte in diesem Jahr mager ausgefallen.

Wenn Schahka knurrte, die Lefzen hochzog und nach ihm schnappte, merkte Wahki, dass es ernst war, und trollte sich. Freilich nicht weit. Die Rindenrollen vor den Nachbarhütten waren ebenso verlockend und vielleicht wurde man dort nicht gestört. Kleiner Wolf war jeden Tag von neuem froh, dass Mongs Eltern so weit entfernt ihre Hütte gebaut hatten. Sonst hätte es sicher ständig Streit gegeben.

Manchmal kamen von den anderen Ernteplätzen Familien mit ihren Kindern auf Besuch ins Lager. Kleiner Wolf und Blaukehlchen fanden viele neue Freunde und spielten mit ihnen. Ganz besonders schön war es, abends am Lagerfeuer zu sitzen und still zu lauschen, wenn die Erwachsenen einander ihre Jagdabenteuer und andere Erlebnisse erzählten.

Nicht immer brachten die Besucher gute Nachrichten, so mancher der Männer war auf der Winterjagd ums Leben gekommen. Einmal kamen Besucher und erzählten, dass ein feindlicher Stamm ihr Dorf überfallen und viele Bewohner getötet hatte. In dieser Nacht schliefen Kleiner Wolf und Blaukehlchen eng aneinander gedrückt, schreckten bei jedem Geräusch aus dem Schlaf und lauschten voll Angst, ob nicht irgendwelche Feinde um die Hütte schlichen. Am nächsten Tag im hellen Sonnenschein hatten sie aber die Ängste der Nacht vergessen und dachten nicht mehr an Gefahren und Leid.

Es war September geworden, der Mond-der-bunt-verfärbten-Blätter. Hier und dort leuchtete es schon rot und gelb aus dem Laub. Der Tag kam, an dem alle Vorratskörbe randvoll mit Reiskörnern gefüllt waren. Die Hütten wurden abgetragen, die Gerüststangen gebündelt und unter den Bäumen gelagert. Im Nu waren die Rindendecken zusammengerollt. Dann traten die Dorfbewohner zufrieden mit der reichen Ernte die Heimfahrt an.

All die Erdhörnchen und Mäuse, die sich in den Dorfhütten eingenistet hatten, flüchteten in den Wald zurück, als die Kanuflotte landete. Gleich nach der Ankunft gingen die Mutter und die anderen Frauen zu den Feldern und schauten nach, wie groß die Maiskolben geworden waren. Noch ragten erst die Spitzen aus den schützenden Hülsen.

„Es wird nicht mehr lange dauern, dann können wir ernten", sagte die Mutter zu Schöner Weidenbaum.

Kleiner Wolf stand mit Wahki und Schahka am Feldrand und freute sich schon auf die ersten im

Feuer gerösteten Kolben. „Das wird auch dir schme-
cken, Wahki", sagte er.

„Kleiner Wolf", warnte Schöner Weidenbaum,
„pass lieber auf, dass Wahki nicht merkt, wie gut
der Mais schmeckt!"

Kleiner Wolf betrachtete die schlanken Pflanzen.
„Da kann er nicht hinaufklettern!", rief er sorglos.
„Die Kolben sind viel zu hoch oben. An die kommt
er nie heran!"

Das geplünderte Maisfeld

Die Maiskolben wurden immer praller. Blaukehlchen
und Mahni hüteten mit den anderen Mädchen tagsüber die Felder und verscheuchten jeden Vogel-
schwarm, der sich niederlassen wollte. Nachts be-
wachten die Hunde den Mais; sie hatten einen
leichten Schlaf und waren bei jedem verdächtigen
Knacken oder Rascheln sofort hellwach. Aber nicht
einer der Hunde hätte auch nur die Ohren gespitzt,
wenn Wahki durchs Dorf strolchte, so sehr hatten
sie sich an ihn gewöhnt. Nicht einmal Sching ließ
sich im Schlaf stören, obwohl er Wahki, wenn er
ihm zufällig am Seeufer oder im Wald begegnete,
stets auf einen Baum jagte.

Eines Abends, in den frühen Nachtstunden, als alle

im Dorf schon schliefen, als der Nachtwind durch die Zweige strich und den Seespiegel kräuselte, stahl sich Wahki aus der Hütte. Er streunte im Dorf umher, immer näher zu den kleinen Feldern hin. Die Anischinabe hatten rund um die Maispflanzen einen Streifen Erde sorgsam gejätet, zwischen den Stauden aber das Gras stehen lassen, weil es den Boden beschattete und vor dem Austrocknen schützte.

Wahki trottete den gejäteten Streifen entlang. Er spürte, dass es hier einen neuen Futterplatz zu entdecken gab, und tappte in den Mais hinein, ausgerechnet in das kleine Feld, das Mongs Eltern bepflanzt hatten. Zwei oder drei Hunde im Dorf schlugen an, verstummten aber gleich wieder, als sie Wahkis Witterung aufnahmen. Wahki setzte sich auf die Hinterpfoten, richtete sich auf und untersuchte eine der Stauden. Der Kolben war außer Reichweite. Mit solch einer Kleinigkeit hielt Wahki sich nicht lange auf, er zog sich am Schaft hoch, beugte die Staude mit seinem Gewicht und brach sie ab. Bis er die Hülle entfernt hatte und an den verlockenden Kolben herankam, brauchte er trotz seiner geschickten Finger eine ganze Weile. Aber die Mühe lohnte sich, der junge, zarte Mais war ein unerwarteter Leckerbissen. Die Fresslust packte Wahki, er ließ von dem Kolben ab und knickte die nächste Staude. Als er schließlich genug hatte, waren fünf Stauden geplündert. Die halbleergefressenen Kolben lagen im Feld verstreut, auf dem Erdrand zeichneten sich deutlich sichtbar verräterische Pfotenspuren ab.

Satt und zufrieden mit seinem nächtlichen Werk lief Wahki in die Wohnhöhle zurück und kroch in das warme Nest zwischen Kleiner Wolf und Blaukehlchen.

Am nächsten Morgen, als die Mutter das Feuer angefacht hatte und die Suppe wärmte, kam Mongs Vater schreiend in die Hütte gestürzt. Er drohte mit den Fäusten und brüllte in einem fort, nur war kein Wort davon zu verstehen, weil seine Stimme sich vor Aufregung dauernd überschlug. Draußen vor der Hütte tanzte Mong wie wild von einem Fuß auf den anderen. Sching knurrte und kläffte.

Der Großvater und die Großmutter schauten einander an und schüttelten die Köpfe. Mongs Vater hatte gleich zwei Gebote der guten Sitte im Dorf auf einmal gebrochen. Erstens stürmte man nicht auf diese Art in die Hütte einer anderen Familie, und zweitens fing kein Besucher zuerst zu reden an – geschweige denn zu brüllen! –, sondern wartete, bis er angesprochen wurde.

Als Mongs Vater innehielt und nach Luft schnappte, sagte der Großvater betont höflich (er wollte zeigen, was man in dieser Familie von schlechtem Benehmen hielt): „Mein Freund, wir wissen nicht, was dich zu uns führt. Nimm Platz und iss mit uns und wir werden anhören, was du uns zu sagen hast."

Mongs Vater wollte sich weder niedersetzen noch mitessen, hatte sich aber endlich so weit in der Gewalt, dass er sich verständlich machen konnte. Mit hervorquellenden Augen starrte er auf Wahki und schrie: „Er hat mein Feld geplündert! Er hat meinen Mais gefressen!"

„Nein!", rief Kleiner Wolf und riss seinen Waschbären erschrocken an sich. „Das hat er nicht getan! Er war es nicht!"

„Er war es! Er war es!", schrie draußen Mong. „Er war es!", brüllte auch Mongs Vater. „Geht hin und schaut euch die Spuren an!" Und dann schwor er, beim Feld Wache zu halten, jede Nacht! Und sollte Wahki sich nur in die Nähe wagen, würde er ihn erschlagen, ihn totschießen und von Sching in Stücke reißen lassen!

Nach dieser Drohung rannte Mongs Vater aus der Hütte, ohne den Großvater oder den Vater zu Wort kommen zu lassen, und das war der dritte Verstoß gegen die guten Sitten. Die Großmutter konnte nicht mehr an sich halten. „So alt bin ich geworden", stieß sie hervor, „aber so etwas habe ich noch nie erlebt."

Kleiner Wolf drückte Wahki an sich. „Er war es nicht! Das war ein Waschbär aus dem Wald – irgendeiner! Aber nicht Wahki!"

„Nein", sagte der Vater. „Wäre einer der Kleinen Menschen aus dem Wald gekommen, hätten ihn die Hunde verjagt. Es muss Wahki gewesen sein, mein Sohn."

Blaukehlchen fing zu weinen an. In der Hütte war es sehr still geworden. Alle wussten, was die anderen dachten, auch wenn keiner es aussprach. Wahki durfte die Maisernte nicht gefährden. Wie sollten sie ihn aber daran hindern? Mochten sie noch so gut Acht auf ihn geben, einmal würde er ihnen doch entwischen. Und dann würde niemand im Dorf Mongs Vater das Recht streitig machen, sein Feld zu beschützen. Und da nützte es wenig, dass Mongs Vater nicht beliebt war und dass jeder Wahki gern hatte. Plünderte er die Felder, hatte das viel zu schwerwiegende Folgen. Während des langen harten Winters, wenn die Nahrung knapp wurde, waren die Dorfbewohner auf ihre Maisvorräte angewiesen.

Wahki war es bei Kleiner Wolf langweilig geworden. Er kletterte der Reihe nach den anderen auf den Schoß, grillte und zirpte und verlangte immer ungestümer, gestreichelt und liebkost zu werden. Weil die Zweibeiner nicht so recht wollten, kletterte er auf einen der Vorratskörbe und versuchte den Deckel hinunterzuwerfen.

„Kleiner Wolf", sagte der Vater, „Wahki darf nicht mehr bei uns bleiben. Ich muss ihn fortbringen – so weit weg in den Wald, dass er den Weg zurück nicht mehr finden kann."

Kleiner Wolf gab keine Antwort.

„Ich muss es tun", sagte der Vater. „Kommst du mit?"

Kleiner Wolf hob den Kopf. „Heute schon?", fragte er.

„Lasst ihm Zeit", murmelte die Großmutter. „Morgen ist es noch früh genug. Eine Nacht lang werden wir Wahki schon hüten können."

Kleiner Wolf nahm Wahki in die Arme und ging aus der Hütte. Schahka trottete ihm nach. Von allen

Feuern kräuselte Rauch hoch. Am Ufer schöpften die Mädchen Wasser.

Kleiner Wolf hörte nicht auf die freundlichen Zurufe. Er ging weiter und weiter, vorbei am Spielplatz, das Seeufer entlang. In der nächsten Bucht setzte er sich auf einen der flachen Ufersteine. Schahka streckte sich neben ihm aus und legte ihm den Kopf auf die Füße.

Es war ein versteckter Winkel. Bäume verdeckten das Dorf, kein Laut drang mehr von den Hütten zu ihnen her. Eine gelbköpfige Drossel flatterte im Ried, schnappte nach Mücken und ließ sich, immer nur für einen Augenblick, auf einen der schwankenden Halme nieder. Dabei flötete sie leise. Wahki stieg ins Wasser und fing einen Weißfisch.

Ich werde nie mehr mit ihm Fische fangen, dachte Kleiner Wolf. Nie mehr.

Alle kleinen Tiere, die eines der Kinder im Dorf aufgezogen hatte, waren eines Tages fortgewandert. Auch Kleiner Wolf hatte von allem Anfang an gewusst, dass Wahki ihn einmal verlassen würde – vielleicht schon im nächsten Frühjahr. Aber dann, im nächsten Frühjahr, würde Wahki ein vollausgewachsener, kräftiger Waschbär sein und imstande, für sich zu sorgen.

Und dann, dachte Kleiner Wolf, werde ich nicht traurig sein. Denn es war immer so und wird immer so sein, und es ist gut so. Aber jetzt noch nicht!

Wahki war zu jung, zu unerfahren, er brauchte noch Schutz. Wie konnte er, ganz allein, den Winter überleben? Was geschah, wenn ein Wolf, ein Luchs, ein Puma ihn anfiel?

Ebenso gut, dachte Kleiner Wolf, könnten sie Blaukehlchen allein in den Wald schicken!

Hilflose Wut stieg in ihm hoch, er packte einen Stein und warf ihn ins Wasser, dass es klatschte. Ein paar Enten schwammen eilig davon. Wahki meinte, es sei eine Aufforderung zum Spiel und tappte mit nassen Pfoten zu seinem Freund.

Kleiner Wolf schlang die Arme um ihn. „Ich verlass dich nicht!", schluchzte er. „Wenn du fort musst, geh auch ich fort. Wir werden schon einen guten Platz im Wald finden ... irgendwo ... weit weg ... du und ich und Schahka ..."

Und Kleiner Wolf beschloss, noch in dieser Nacht gemeinsam mit Schahka und Wahki zu fliehen.

Die Flucht

Nachdem Kleiner Wolf seinen Entschluss gefasst hatte, wurde er ganz ruhig. Er spielte mit Wahki, bis dieser genug hatte, sich im Ufergras zusammenrollte, die Sonne auf sich scheinen ließ und zufrieden schnurrte. Da und dort löste sich ein gelbverfärbtes Blatt von einem Weidenzweig, schwebte durch die Luft und sank aufs Wasser nieder. Einmal hörte Klei-

ner Wolf, wie Mahni und Api nach ihm riefen, aber
er gab keine Antwort.

Nach einer Weile kam der Großvater und setzte
sich zu ihm. Im Schilf raschelte eine Bisamratte. Ein

schwarzköpfiger Schwan glitt still über das in der Sonne flimmernde Wasser. Der Großvater sagte, er verstehe, wie Kleiner Wolf zumute sei. Auch den Eltern und der Großmutter fiele es schwer, Wahki fortzugeben. Aber, sagte der Großvater, wenn jemand so alt geworden sei wie er selber, dann wisse man, dass Kummer und Leid ebenso zum Leben gehören wie Freude und Glück.

„Denk doch daran, Kleiner Wolf", sagte der Großvater, „was für eine schöne Zeit du mit Wahki gehabt hast – und er mit dir! Und jetzt komm mit mir ins Dorf zurück. Blaukehlchen wartet auf dich."

Wahki lief trillernd vor ihnen her, scheuchte Erdhörnchen und Vögel auf und gab auf jede Weise kund, dass er voll Tatendrang war. An diesem letzten Tag durfte er im Dorf anstellen, was er wollte – keiner schalt ihn. Die Kinder drängten sich um ihn, Mahni und Api und Blaukehlchen wichen nicht von seiner Seite. Und wo immer Mongs Vater sich zeigte, erntete er unfreundliche Blicke.

Schwarzvogel war nicht auf die Jagd gegangen. Er setzte keinen Fuß aus dem Dorf und brachte Wahki einen Leckerbissen nach dem anderen. Als Mong triumphierend herbeistolzierte, fuhr Schwarzvogel zornig auf ihn los – zum Erstaunen der Dorfbewohner, die einen solchen Gemütsausbruch dem sanftmütigen Schwarzvogel nie zugetraut hätten. Schöner Weidenbaum verrichtete ihre Arbeit wie immer, nur war sie auffallend still.

Je weiter der Tag fortschritt, desto schwerer wurde

es Kleiner Wolf ums Herz. In einem unbewachten Augenblick versteckte er Bogen und Pfeile, Schlingen, Fischhaken und Feuersteine unter seinem Kanu. Er merkte nicht, dass Schöner Weidenbaum ihn von ihrer Hütte aus beobachtete, und glaubte, niemand hätte es gesehen.

Als die Feuer im Dorf aufflackerten, spielte Schwarzvogel ein letztes Mal für Wahki auf der Flöte. Nachher holte er Bogen und Köcher aus der Hütte und versprach, die ganze Nacht wach zu bleiben. Sollte Mongs Vater es wagen, Wahki auch nur ein Haar zu krümmen, würde er es bereuen! Dann marschierte Schwarzvogel zu allem entschlossen fort.

In der hereinbrechenden Dämmerung konnten die Dorfbewohner zwei dunkle Gestalten sehen, die um die Maisfelder gingen. Ein paar Schritte hinter Mongs Vater stapfte Schwarzvogel her. Blieb Mongs Vater stehen, um auf ein verdächtiges Rascheln zu horchen, blieb auch Schwarzvogel stehen. Es war offensichtlich, dass zwar Mongs Vater den Mais bewachte, aber er wiederum von Schwarzvogel bewacht wurde. Jemanden hinter sich zu wissen wie den eigenen Schatten, war alles andere als angenehm, und das unterdrückte Kichern der Kinder von den Hütten her trug nicht dazu bei, Mongs Vater in bessere Laune zu versetzen. Von Zeit zu Zeit wandte er sich um und zischte Schwarzvogel wütend an. Schwarzvogel schaute jedes Mal in die Luft und tat so, als sehe und höre er nichts.

Schließlich wurden die Dorfbewohner des Schauspiels müde und verschwanden in ihren Hütten. Die Feuer erloschen, Dunkelheit senkte sich über das Dorf. Ein einsamer Tauchervogel ließ vom See her sein gellendes Lachen ertönen. Fern am anderen Ufer kläffte ein Fuchs.

Wie jede Nacht hatte Wahki sich einen Ruheplatz zwischen Blaukehlchen und Kleiner Wolf gesucht. Kleiner Wolf lag mit offenen Augen da. Er durfte nicht schlafen, er musste wach bleiben. Nach einer Weile verrieten ihm gleichmäßige Atemzüge, dass Blaukehlchen eingeschlummert war. Aber die Eltern und Großeltern fanden ebenfalls keinen Schlaf. Von Zeit zu Zeit hörte Kleiner Wolf, wie sie sich auf ihren Felldecken bewegten.

Ein schwacher grauer Schein in der Türöffnung zeigte an, dass oben am Himmel die Sterne aufgezogen waren. Wahki wurde unruhig. Sein buschiger Schwanz strich Kleiner Wolf übers Gesicht. Nur zu gut erinnerte sich Wahki an die vergangene Nacht und an die neue, verlockende Futterquelle. Er kletterte über Blaukehlchen – weckte sie dabei – und lief zur Türöffnung. Kleiner Wolf stand auf.

„Lass ihn nicht zum Maisfeld laufen", sagte der Vater.

„Dort ist Schwarzvogel, der passt schon auf!", murmelte die Mutter beruhigend.

Als Kleiner Wolf ins Freie hinaustrat, folgten ihm Schahka und Blaukehlchen. „Gebt gut Acht auf ihn, ihr drei!", rief ihnen die Großmutter nach.

Die sternenklare Nacht machte alles zu schwarzen

Schattenbildern: Hütten und Bäume, Sträucher und Schilf. Wahki trillerte seinen Freunden zu und wollte zielstrebig in Richtung Maisfeld laufen. Kleiner Wolf erwischte ihn noch rechtzeitig am Nackenfell.

Wahki murrte und zappelte.

„Wir gehen zum See", flüsterte Kleiner Wolf ihm ins Ohr. „Und dann fahren wir im Kanu, das magst du doch so!"

Sollte er Blaukehlchen in die Hütte zurückschicken? Nein, dazu war später Zeit. Jetzt war Kleiner Wolf froh, nicht allein zu sein. Bald genug würde er nur noch Wahki und Schahka zur Gesellschaft haben.

Gemeinsam gingen sie zum Platz, wo die Kanus kieloben an Land gezogen lagen. Kleiner Wolf setzte Wahki auf den Boden. Dann drehte er sein Kanu um und schob es ins Wasser. Zu einer nächtlichen Fahrt war Wahki immer bereit, er vergaß das Maisfeld und kletterte ins Kanu. Kleiner Wolf legte Bogen und Pfeile, den Fischhaken, die Schlingen und die Feuersteine hinein.

Die Sterne leuchteten hell. Über den dunklen Baumwipfeln stand eine dünne Mondsichel.

„Du musst jetzt heimgehen, Blaukehlchen", sagte Kleiner Wolf.

„Nimm mich mit!", bat sie.

„Ich kann dich nicht mitnehmen!"

„Warum nicht?"

Weil ich fortfahre und nicht mehr heimkomme, hätte Kleiner Wolf antworten sollen, aber das durfte er Blaukehlchen nicht sagen. Er schaute aufs Dorf zurück. An manchen der Feuerstellen gloste noch ein Rest Glut – kleine rote Flecken im Schwarz der Nacht. Auch vor der Hütte der Eltern war das Feuer noch nicht ganz erloschen.

Nie zuvor war ihm das nächtlich ruhende Dorf so vertraut erschienen wie jetzt, da er es verlassen wollte. Und plötzlich wusste Kleiner Wolf, dass sein Plan nicht gut war. Wie sollte er, ein Junge noch, allein in den Wäldern überleben? Konnte er ohne den Schutz der Familie in der eisigen Kälte des Winters für sich und Wahki sorgen? Waren nicht selbst erfahrene Männer in Gefahr, wenn ein Schneesturm sie fern vom Dorf überraschte? Vielleicht kam er nie wieder heim. Dann hatte Blaukehlchen keinen Bruder mehr. Und die Eltern? Die Großeltern?

Wahki keckerte ungeduldig, ihm dauerte das Warten schon zu lange.

„Ja, du!", sagte Kleiner Wolf und die Tränen sprangen ihm in die Augen. „Es ist alles nur deinetwegen! Warum hast du den Mais nicht in Ruhe lassen können?"

Im nahen Gebüsch schreckte ein Vogel aus dem Schlaf und flatterte mit den Flügeln. Ein Zweig knackte. Kleiner Wolf fuhr herum. Schöner Weidenbaum trat aus dem Schatten der Sträucher, kam auf ihn zu und blieb vor ihm stehen.

Sie wies auf das Kanu, in dem Bogen und Pfeile, Fischhaken und Fangschlingen lagen. „Willst du wirklich fort?", fragte sie. „Heimlich, ohne dass deine Eltern es wissen?"

228

„Nein", stieß Kleiner Wolf hervor. „Ich will es nicht tun. Ich will nicht fort. Aber was geschieht dann mit Wahki? Ich habe ihn vor dem Puma gerettet! Ich habe ihn aufgezogen. Ich bin für ihn verantwortlich."

„Es gibt immer einen Ausweg, Kleiner Wolf. Warum fährst du nicht zum Ahornsee? Dort kannst du mit Wahki bleiben, bis der Mais geerntet ist. Das wird nicht mehr lange dauern. Und nur bis zur Maisernte darf Wahki nicht im Dorf sein. Ist das nicht vernünftiger, als kopflos davonzulaufen?"

Er schaute sie an, begriff, was sie meinte, und lachte befreit auf. „Ja, viel vernünftiger! Wieso hast du gewusst, dass ich fort will?"

„Ich habe heute Nachmittag gesehen, wie du alles unter deinem Kanu versteckt hast, Kleiner Wolf, und da konnte ich mir denken, was das bedeutet."

„Warum hast du mir dann nicht gleich gesagt, dass ich zum Ahornsee fahren soll?"

„Weil ich nicht sicher war, ob dein Vater es dir erlauben würde. Jetzt kannst du ihm beweisen, dass du zwar noch ein Junge bist, aber wie ein Mann handeln kannst. Zeig ihm, dass du keine Angst hast vor der Nacht und vor der Dunkelheit und vor der Aufgabe, die auf dich wartet. Fahr zum Ahornsee, jetzt, ganz allein! Wenn du mir versprichst, dort zu bleiben, verspreche ich dir, mit deinem Vater zu reden und ihm alles zu erklären."

Kleiner Wolf nickte. „Ja, ich bleibe dort."

Er nahm das Paddel und sprang ins Kanu. „Wahki

und ich kommen bald wieder heim, Blaukehlchen!"
Schahka setzte sich in der Mitte nieder. Wahki stand
wie immer vorne am Bug. Schöner Weidenbaum und
Blaukehlchen stießen das Kanu ab. Als es auf den

dunklen See hinausfuhr, wandte Kleiner Wolf sich noch einmal um und hob grüßend die Hand.

Das Kanu glitt fast lautlos dahin, nur das Plätschern des Paddels unterbrach die Stille. Über Kleiner Wolf wölbte sich der hohe schwarze Himmel, übersät mit Sternen, die in der herbstlichen Nachtkühle besonders hell leuchteten. Vom Ufer der Bucht her kam ein Schnauben und Prusten. Kleiner Wolf konnte die mächtigen Umrisse eines Elchbullen ausnehmen, der im seichten Wasser äste.

Das war nun eine ganz andere Fahrt, als Kleiner Wolf es sich in seiner Verzweiflung ausgemalt hatte. Er fing zu singen an, ein Lied ohne Worte, das nur aus fröhlichen Silben bestand, die er aneinander reihte. Wahki trillerte mit.

Bald hatten sie das Ende des Sees erreicht. Nach einem kurzen Stück flussaufwärts bogen sie in den Bach ein. Manchmal standen die Bäume so dicht zu beiden Seiten, dass die Zweige sich über ihren Köpfen verflochten und das Licht der Sterne abschirmten. Füchse bellten. Wölfe heulten. Die schwermütigen Rufe einer Eule begleiteten das Kanu eine ganze Weile.

Als Kleiner Wolf zum Ahornsee kam, war die Mondsichel verblasst. Kleiner Wolf landete und zog das Kanu ans Ufer. Wahki stieg sofort ins Wasser und begann zu fischen. Kleiner Wolf setzte sich neben Schahka nieder. Er war müde, aber viel zu glücklich, um einschlafen zu können. Erst als die Sterne erloschen und ein fahler Schein im Osten die Morgendämmerung anzeigte, fielen ihm die Augen zu.

Am Ahornsee

Am nächsten Morgen schliefen Wahki, Kleiner Wolf und Schahka bis in den hellen Tag hinein. Sie räkelten sich, streckten sich, um richtig wach zu werden, und blinzelten in die Sonne, die von einem dunstigen Kreis umgeben war, der Regen verhieß. Drüben am anderen Ufer plätscherten die Biber.

Kleiner Wolf zog sich aus und sprang in den See. Einer der Biber klatschte warnend mit dem breiten, flachen Schuppenschwanz aufs Wasser und die ganze Gesellschaft war im Nu in der Burg verschwunden. Kleiner Wolf tauchte im erfrischend kalten Wasser unter und balgte sich mit Wahki. Dann fingen sie Fische – Wahki mit seinen flinken Pfoten und Kleiner Wolf mit dem Haken. Während Wahki jeden Fisch, den er erwischte, sofort verspeiste, brachte Kleiner Wolf seine Beute ans Ufer. Er zündete ein Feuer an, briet die Fische in der heißen Asche und teilte die Mahlzeit mit Schahka.

Am Himmel zog eine eintönig graue Wolkenwand auf. Wahki lag faul im Gras, Schahka döste vor sich hin. Kleiner Wolf verschränkte die Arme um die Knie. Er hatte mit der nächtlichen Fahrt bewiesen, dass er wie ein Erwachsener handeln konnte. Bestimmt würde der Vater bald kommen und ihm erlauben, hier am Ahornsee zu bleiben.

Weil Kleiner Wolf sich ganz ruhig verhielt, achteten die Biber nicht mehr auf ihn. Sie schwammen und

tauchten, sie watschelten an Land und schleppten Futterzweige zur Burg. Herbstlich bunte Blätter sprenkelten Büsche und Laubbäume. Noch hatte der große Vogelzug nach Süden nicht begonnen, aber als erste Vorboten flogen ein Keil Gänse und eine Schar Enten über den See.

Die Sonne schien matt durch die Dunstschicht. Kleiner Wolf horchte ungeduldig auf ein Kanugeräusch vom Bach her. Warum kam der Vater nicht? Er hätte doch längst hier sein müssen.

Immer sehnsüchtiger dachte Kleiner Wolf an seine Eltern, an die Großeltern, an Blaukehlchen und all seine Freunde. Einsamkeit und Stille bedrückten ihn plötzlich. Die Wolkenwand am Himmel wuchs. Wie geborgen hatte er sich daheim in der Hütte gefühlt, wenn der Regen darauf trommelte. Er sah das Dorf vor sich, das Ufer, die spielenden Kinder. Was mochte Blaukehlchen jetzt tun?

Meisen huschten leise piepend im Gebüsch umher, alle anderen Vögel waren verstummt. Die Biber hatten sich in ihre Burg zurückgezogen. Als Kleiner Wolf schon nicht mehr daran glauben wollte, hörte er endlich vom Bach her das Plätschern eines Paddels. Im Kanu, das zwischen den Weiden auftauchte, saßen der Vater und Schwarzvogel.

Kleiner Wolf sprang auf. Schahka winselte freudig. Wahki spitzte die Ohren. Als das Kanu knirschend im Uferkies landete und der Vater und Schwarzvogel ausstiegen, lief Wahki ihnen trillernd entgegen. Schwarzvogel lachte. Der Vater hob Wahki am Nackenfell auf und kraulte ihn hinter den Ohren. „Das ist der richtige Platz für dich bis zu Maisernte", sagte er.

Da wusste Kleiner Wolf, dass alles gut war.

Wahki kletterte ins Kanu und untersuchte, was die Mutter und die Großmutter darin verstaut hatten: Rollen aus Birkenrinde, eine warme Felldecke, einen Kochtopf, einen Korb voll Reis und eine gebratene Hirschkeule.

Kleiner Wolf und Schwarzvogel schnitten dünne Stämmchen ab, bauten ein Hüttengerüst und deckten es mit Birkenrinde. Wahki war wie üblich im Weg und nahm die Hütte, kaum dass sie fertig war, sofort als neue Wohnhöhle in Besitz.

Die Wolken hatten nun den ganzen Himmel überzogen. Vom See her wehte es kühl. Der Vater fachte das Feuer an. Sie setzten sich im Kreis herum und aßen die Hirschkeule. Schwarzvogel berichtete von seiner nächtlichen Wache. „Nachdem du fortgefahren bist, Kleiner Wolf", sagte er, „kam meine Frau mit Blaukehlchen zum Maisfeld und erzählte mir alles. Denk aber ja nicht, Mongs Vater hätte ihr geglaubt. Der hat gemeint, das sei nur eine Finte, um ihn wegzulocken. Keinen Schritt hat er vom Maisfeld weggetan, die ganze Nacht nicht! Und – oh – wie ist er am Morgen wütend gewesen, als er endlich merkte, was los war. Das ganze Dorf hat über ihn gelacht, und da hat er seinen Zorn am armen Sching ausgelassen und ihn halb tot geschlagen."

Kleiner Wolf dachte daran, wie oft Sching über Schahka hergefallen war, und Sching tat ihm überhaupt nicht Leid.

Als der Vater und Schwarzvogel Abschied nahmen und fortpaddelten, fielen die ersten Tropfen vom Himmel. Ein gleichmäßiger Regen setzte ein. Kleiner Wolf lag mit Schahka und Wahki warm und geborgen in der Hütte, das Flüstern und Rauschen des Regens sang sie in den Schlaf.

In all der Zeit, die Kleiner Wolf am Ahornsee verbrachte, fühlte er sich nie wieder einsam. Kaum ein Tag verging, an dem nicht Besucher aus dem Dorf auftauchten. Einmal kam der Vater, dann die Mutter, die Großmutter und Blaukehlchen oder Schöner Weidenbaum, Mahni und Api. Ein paar Mal blieb der Großvater die Nacht über am Ahornsee. Schwarzvogel nützte jede Gelegenheit, um sich zu vergewissern, dass auch alles in bester Ordnung war.

Kleiner Wolf jagte Waldmurmeltiere und Waldhühner, er fing Kaninchen in Schlingen und fischte im See. Er spielte mit Schahka und Wahki oder lag im Gras und schaute den Wolken und den ziehenden Vogelscharen zu. Die Biber hatten jede Scheu verloren und ließen sich nicht mehr bei der Arbeit stören. Vor dem Winter mussten sie den Damm ausbessern und ein Futterfloß aus Zweigen anlegen. Einmal erschien am anderen Ufer eine Bärin mit ihren zwei verspielten Jungen. Ein anderes Mal strich eine Wolfsfamilie vorüber, tauchte lautlos auf und verschwand ebenso lautlos wieder. Einem Stachelschwein, das in der Nähe hauste, schien es die Hütte angetan zu haben. Immer wieder tappte es neugierig hinein und kam erst dann heraus, nachdem es alles gründlich untersucht hatte.

Eines Mittags senkte sich ein Schwarm Schmetterlinge auf die Uferwiese herab. Kleiner Wolf konnte sich an den handtellergroßen gelbroten Faltern mit den wunderschön schwarz und weiß gezeichneten Flügeln nicht satt sehen. Gleich den Vögeln flüchteten sie Jahr für Jahr vor dem kalten Winter nach Süden, um erst im Frühling wieder zurückzukehren.

Nein, langweilig wurde es Kleiner Wolf nie. Trotzdem hatte er manchmal Sehnsucht nach daheim, besonders an den Abenden, wenn es dunkel geworden war. Und als er von Schwarzvogel erfuhr, dass im Dorf die Maisernte begonnen hatte, konnte er den Tag kaum erwarten, an dem der Großvater ihn wie versprochen abholen würde.

In der letzten Nacht wurde er vor Aufregung immer wieder munter und war hellwach, bevor die Sonne sich über die Baumwipfel erhob. Wahki war die halbe Nacht unterwegs gewesen und noch ganz verschlafen. Gleich nach der Morgenmahlzeit brach Kleiner Wolf die Hütte ab und rollte die Rindenstücke ein. Als alles im Kanu verstaut war, setzte er sich am Ufer zu Wahki, zupfte ihn am Pelz und summte vor sich hin:

„Wir fahren heim! Wir fahren heim!"

Wahki kniff die Augen zu, streckte sich der Länge nach aus, zuckte nicht einmal mit den Ohren und gab auf diese Weise zu verstehen, dass er seine Ruhe haben wollte.

Kleiner Wolf hielt es am Lagerplatz nicht aus, er lief zum Weidengebüsch, wo der Bach aus dem See floss, hockte sich auf die Fersen und horchte und wartete gespannt. Endlich hörte er das vertraute Schlagen eines Paddels und das Kanu glitt zwischen den Weiden hervor. Als der Großvater landete und ausstieg, umtanzte Kleiner Wolf ihn vor Freude. Schahka wedelte mit dem Schwanz.

Die Heimfahrt konnten sie aber nicht gleich antreten, wie Kleiner Wolf es sich gewünscht hatte. Wahki war plötzlich verschwunden. Wo war er nur? Er hatte doch am Ufer geschlafen und sich die Sonne auf den Pelz scheinen lassen. War er auf einen Baum geklettert? Kleiner Wolf lief den Waldrand entlang und rief und lockte. Kein Trillern und Grillen kam als Antwort, weit und breit war von Wahki nichts zu sehen und zu hören. War er fortgelaufen? Hatte er sich entschlossen, gerade jetzt und viel zu früh seine Freunde zu verlassen?

Kleiner Wolf war ratlos und niedergeschlagen und fragte sich schon, ob alles umsonst gewesen war, als er plötzlich den Großvater lachen hörte.

Schahka stand am Ufer neben dem voll bepackten Kanu und japste leise.

„Komm her, Enkelsohn, und schau dir das an!", rief der Großvater.

Kleiner Wolf stürzte hin. Unter den Rindenrollen und der Felldecke schaute ein buschiger, schwarzberingelter Schwanz hervor. Wahki schlief tief und fest. Als Kleiner Wolf die Decke zurückschob, ihn aufhob und an sich drückte, zirpte er ungehalten. Was hast du denn? schien er zu sagen. Ich habe mir doch nur einen guten Schlafplatz gesucht. Wozu die Aufregung?

Auf der Heimfahrt wurde Wahki rasch wieder ganz munter, stand vorne im Bug, ließ seine Blicke flink umhergleiten und plauderte wie üblich auf seine Weise. Als sie das Seeufer erreichten, kletterte er als Erster aus dem Kanu und trabte sofort in seine Wohnhöhle, wo er laut schnurrend alle begrüßte. Hernach strolchte er von Hütte zu Hütte und nahm das Dorf so selbstverständlich wieder in Besitz, als wäre er nie fortgewesen. Wo immer er hinkam, war er der Mittelpunkt und stets umringte ihn eine Schar Kinder.

Mong trieb sich in der Nähe herum und machte ein Gesicht, als tue es ihm fast Leid, von der allgemeinen Freude ausgeschlossen zu sein. Schließlich schlenderte er betont gleichgültig herbei und rief Kleiner Wolf zu: „Warte nur, mein Vater erwischt ihn schon noch!"

Kleiner Wolf gab keine Antwort, er wusste, dass es nur eine leere Drohung war. Jetzt, nach der Maisernte, würde Mongs Vater es nicht wagen, etwas zu tun, das die Dorfbewohner gegen ihn aufbrachte.

Als der Abend dämmerte, spielte Schwarzvogel auf der Flöte. Wahki hockte neben ihm und war wie immer überzeugt, dass der Zweibeiner nur seinetwegen dem Holzstab die angenehmen Töne entlockte. Und diesmal hatte Wahki Recht: Schwarzvogel spielte ihm zu Ehren.

Als die Feuer erloschen, als der Mond am Himmel emporstieg und alle im Dorf sich zum Schlaf niederlegten, fand Wahki noch lange keine Ruhe. Er musste sich vergewissern, dass er wieder in seiner vertrauten Wohnhöhle war, er tappte vom Vater zum Großvater, von der Mutter zur Großmutter und kletterte auf Schahka herum, bis er sich endlich zwischen Blaukehlchen und Kleiner Wolf niederließ. Mit einem zufriedenen Grillen rollte er sich zusammen und schlief ein.

Der lange harte Winter

Die Wälder leuchteten in der Pracht der bunt verfärbten Blätter, flammten rot und gelb und braun. Jeder Ahornbaum trug eine orangefarbene Krone. Immer mehr Vögel flüchteten vor dem kommenden Winter. Abends ließen sich ganze Scharen aufs Wasser nieder und ihr Quaken, Tratschen und Schnattern verstummte erst in der Dunkelheit. Auch die Wandertauben hatten die Reise nach Süden angetreten. Zu Hunderten und Aberhunderten flogen sie dahin, ihre riesigen Schwärme verdunkelten den Himmel.

Kleiner Wolf genoss wie alle im Dorf die letzten warmen Tage im Jahr. Die Jagd machte keine Mühe, Gänse und Enten flogen den Jägern sozusagen freiwillig vor Pfeil und Bogen. Wahki war unermüdlich auf Futtersuche unterwegs. Er folgte dem Gesetz der Waschbären, die sich vor den langen Monaten des

Winters eine dicke Fettschicht unter der Haut anfressen müssen.

Im Oktober, dem Mond-der-fallenden-Blätter, fegten Herbststürme über die Wälder und rissen das letzte Laub von den Zweigen. Kalter Regen trommelte auf die Rindenhütten.

Eines Morgens fiel der erste Schnee. Als der Himmel aufklarte, wurde es bitter kalt. Der See fror zu, von einem Ufer zum anderen. Vor ihren Burgen schwammen die Biber unermüdlich herum, um sich ein Atemloch frei von Eis zu halten. Wahki hatte sich in seiner Höhle im alten Ahornbaum am Seeufer verkrochen. Er verschlief aber nicht den ganzen Winter wie manche andere Tiere. Von Zeit zu Zeit wurde er wach, tauchte in der Hütte auf, fraß sich satt und ließ sich verwöhnen.

Wenn Kleiner Wolf und Blaukehlchen im Freien spielten, trugen sie warme Fellkleider. Damit sie im tiefen Schnee nicht einsanken, schnallten sie sich an die Mokassins Reifen aus biegsamen Weidenzweigen, die mit einem Geflecht aus Lederstreifen verbunden waren. Und jeden Tag freuten sie sich auf den langen Abend. Der Winter war die Zeit des Geschichtenerzählens. Die ganze Familie saß rund um das flackernde Feuer und der Großvater oder die Großmutter erzählten die alten Geschichten der Anischinabe, während in den Wäldern die hungrigen Wölfe heulten und das Nordlicht am Himmel tanzte.

Als der Winter mit aller Gewalt einsetzte, gingen die Männer aus dem Dorf nicht mehr allein auf die

Jagd, sondern immer zu zweit oder zu dritt. Oft kamen sie erschöpft und mit leeren Händen heim, weil sie nicht einmal auf eine Wildfährte gestoßen waren, der sie hätten folgen können. Ein anderes Mal plünderte ein Vielfraß, dieser gefräßige, mürrische Räuber, alle Fallen, die sie aufgestellt hatten.

Schöner Weidenbaum erwartete ein Kind, ihr Leib hatte sich schon gerundet. Schwarzvogel dachte sich neue Lieder aus, die er für das Baby auf der Flöte spielen wollte. Ob das Kind aber, wenn es geboren wurde, einen Vater haben würde, darum musste Schöner Weidenbaum viele Tage bangen.

Im Jänner, im Mond-des-Großen-Geistes, als nach Tagen klirrender Kälte Schwarzvogel und der Vater einer Hirschfährte folgten, brach unvermutet ein Schneesturm los und schnitt ihnen den Rückweg ins Dorf ab. Tage- und nächtelang heulte und tobte der Sturm, peitschte den Schnee vor sich her und wirbelte weiße Wolken auf, die jede Sicht nahmen. Die Anischinabe wagten sich kaum aus ihren Hütten, da ein Schritt abseits genügen konnte, den Richtungssinn zu verlieren. Im Ächzen und Stöhnen der Bäume, im Heulen des Sturms meinten sie Stimmen von bösen Geistern zu hören, die den Menschen Unheil brachten. Schöner Weidenbaum hatte Zuflucht bei ihrer Familie gesucht. Kleiner Wolf und Blaukehlchen, die Mutter und die Großeltern kauerten in der Hütte, drängten sich um das Feuer zusammen, das fast keine Wärme gab, und schreckten nachts immer wieder aus dem Schlaf.

Als sie schon alle Hoffnung aufgeben wollten, den Vater und Schwarzvogel lebend wieder zu sehen, wurde es plötzlich still und der Himmel klarte auf. Und diesmal hatte der Winterriese kein Opfer gefunden. Der Vater und Schwarzvogel kehrten heim, sie hatten den Sturm in einem geschützten Schneeloch heil und unversehrt überstanden.

Das waren schlimme Tage und schlimme Nächte gewesen, aber als sie vorbei waren, dachte Kleiner Wolf nicht mehr daran. Wie alle Kinder der Anischinabe kannte er die Gefahren des Winters und liebte ihn trotzdem. Nichts war schöner, als an einem klaren Tag durch den schneefunkelnden Wald zu stapfen, auf dem Eis herumzutollen und abends in der warmen Hütte Geschichten zu hören, bis einem die Augen zufielen.

Dann kam die Zeit, da die Sonne Tag für Tag früher am Himmel erschien und Tag für Tag später unterging. Ihre Strahlen, die im Winter matt und kraftlos gewesen waren, wärmten wieder und leckten an Schnee und Eis. Warme Winde, die Vorboten des Frühlings, brausten über das Land. Hohe Schneewehen schmolzen fast über Nacht. Auf dem See wurden die eisfreien Flecken größer und größer, am Ufer glucksten und gluckerten kleine Wellen.

Auch für Wahki war die Winterruhe vorbei. Er verbrachte wie früher viele Stunden gemeinsam mit seinen Freunden, tauchte nachts aber nur noch selten in der Hütte auf. Kleiner Wolf spürte die Veränderung, die mit Wahki vor sich gegangen war.

Das war kein Waschbärenjunges mehr, das Schutz und Geborgenheit brauchte. Wahki war groß und kräftig geworden und imstande, für sich selber zu sorgen.

Eines Mittags saß Kleiner Wolf am Seeufer und feilte Knochensplitter für Pfeilspitzen zurecht. Wahki lag faul oben im Ahorn und ließ alle vier Pfoten und den schwarzberingelten Schwanz herunterbaumeln. Unten am Stamm hatte Schahka sich ausgestreckt, die ergraute Schnauze zwischen den Vorderbeinen. Er war nun so alt und müde, dass er am liebsten irgendwo lag und vor sich hin döste. Wenn seine Freunde durch den Wald streiften, fiel es ihm immer schwerer, ihnen zu folgen, und es machte ihm Mühe, ins Kanu zu steigen. Kämpften die anderen Hunde miteinander, um festzustellen, wer der Stärkere sei, ließen sie Schahka in Ruhe. Sie wussten, dass er ihnen keinen Knochen mehr streitig machen würde.

An jenem Tag kam es zur letzten großen Auseinandersetzung mit Mong und Sching, nachdem es wieder einmal Streit und Zank in der Hütte von Mongs Eltern gegeben hatte. Dabei erhielt Sching, der nicht rechtzeitig verschwinden konnte, einen Schlag mit dem Prügel auf die Schnauze, dort, wo es am meisten wehtat. Mong trug einen blutigen Schnitt auf der Wange davon, weil der Knochenschaber, den seine Mutter dem Vater nachgeworfen hatte, ihm ins Gesicht geflogen war. Mong und Sching trotteten am Seeufer entlang, suchten jemanden, an dem sie ihre Wut auslassen konnten, und sahen Schahka unter dem Ahornbaum liegen. Zähnefletschend und knurrend stürzte Sching sich auf Schahka, fasste ihn an der Kehle und biss nur noch fester zu, als Schahka jämmerlich aufjaulte.

Diesmal sollte Sching jedoch eine unliebsame Überraschung erleben. Oben im Ahorn ertönte das schrille Kampfgeschrei eines Waschbären. Bevor Kleiner Wolf herbeieilen konnte, war Wahki blitzschnell vom Baum heruntergeglitten. Er spürte seine neue Kraft von der Schwanzspitze bis in die Pfotenfinger und wie eine Waschbärenmutter, die ihren Jungen zu Hilfe kommt, zögerte er keinen Augenblick, Schahka gegen den gemeinsamen Feind beizustehen. Ein erwachsener Waschbär kann sich jederzeit einem Hund zum Kampf stellen, obwohl er es üblicherweise nur dann tut, wenn er in die Enge getrieben wird, und nicht freiwillig wie Wahki. Aber Wahki hatte eine alte Rechnung zu begleichen.

Den Pelz gesträubt, schien er doppelt so groß wie sonst. Dieses fauchende, zischende und zornig zeternde Kraftbündel war nicht mehr der kleine Waschbär, den Sching so oft auf den Baum gejagt hatte, sondern ein Gegner, dem er nicht gewachsen war. Sching flüchtete laut aufheulend und ließ ein paar Haarbüschel in Wahkis Zähnen und Krallen zurück.

Als Kleiner Wolf dahergerannt kam, war der Kampf schon zu Ende. Wahki begrüßte ihn mit einem triumphierenden Trillern. Mong stand mit offenem Mund fassungslos da.

„Warum musst du Sching immer auf Schahka hetzen!", schrie Kleiner Wolf ihn an. „Pass nur auf! Das nächste Mal bringt Wahki deinen Hund um!"

„Ich hab' ihn nicht auf Schahka gehetzt", stotterte

Mong. Mit dem blutverkrusteten Schnitt auf der Wange sah er eher kläglich aus. Er ging kleinlaut fort, als sei es nicht sein Hund gewesen, der eine Niederlage erlitten hatte, sondern er selber. Kleiner Wolf verstand nicht mehr, warum ihm Mong früher so groß und stark vorgekommen war.

Am Nachmittag, als Kleiner Wolf und die anderen Jungen am Seeufer Pfeilschießen übten, hockte Mong am Waldrand und schaute zu. Keiner forderte ihn auf mitzutun, er war viel zu oft ein Spielverderber gewesen. Als die Jungen genug vom Pfeilschießen hatten, liefen sie um die Wette. Mong kam langsam und zögernd näher, als würde er gern teilnehmen, wenn ihn nur einer dazu einlud.

„Komm, lauf mit!", rief ihm Kleiner Wolf zu.

Er war viel zu glücklich, um länger auf Mong böse zu sein. Und es ist leicht, großmütig zu handeln, wenn man sich als Sieger fühlt.

Das Gesetz der Waschbären

Enten und Gänse, Schwäne und Reiher waren aus dem Süden heimgekehrt und hatten ihre alten Brutplätze im Röhricht aufgesucht. Ihr Ratschen, Quaken und Schnattern erfüllte die Luft, die Rufe der Trompeterschwäne hallten über den See.

Im Wald und am Ufer sangen die Vögel vom Morgen bis zum Abend. Die Männchen trillerten, flöteten und schmetterten ihre Hochzeitslieder, mit denen sie den Weibchen verkündeten, dass sie einen guten Platz zum Nestbau gefunden hatten und bereit waren, für eine künftige Familie zu sorgen.

Wahki wurde immer ruheloser. Hätte er wie ein Mensch denken und reden können, er hätte gesagt: Ich weiß nicht, was mit mir los ist. Es kribbelt und krabbelt mich am ganzen Körper, von der Nasenspitze bis zur Schwanzspitze. Was kann das sein? Was ist das nur?

Es war das uralte Gesetz der Waschbären, das die Kleinen schon in sich tragen, wenn sie blind auf die Welt kommen, und dem sie folgen müssen, sobald es Frühling wird. Und dieses Gesetz war in Wahki stärker als alle Zuneigung zu den Menschen, war stärker als die Liebe zu Kleiner Wolf.

Immer öfter verließ Wahki das Dorf und streifte tage- und nächtelang im Wald umher. Noch war die Anhänglichkeit an die Menschen so groß, dass er stets wieder zurückkehrte. Manchmal kam er mitten in der Nacht in die Hütte, kroch auf seinen Schlafplatz zwischen Kleiner Wolf und Blaukehlchen und schlief zufrieden schnurrend ein.

Eines Abends, als er das Bachufer entlangstrolchte, hörte er aus dem Unterholz eine Stimme, die ihn erstarren ließ. Er stand reglos da und horchte, es rann ihm wie Wohlbehagen und Aufregung zugleich durch den Körper. Die gurrenden Töne waren der lo-

ckende Singsang eines Waschbärenweibchens. Ich warte auf dich! hieß die Botschaft. Ich bin da! Wo bist du? Komm zu mir!

Schon wollte Wahki auf das Unterholz zueilen, als

er merkte, dass noch ein anderer Bewerber dem Ruf des Weibchens gefolgt war. Ein drohendes Zischen und Fauchen warnte ihn, dann tauchte aus dem Dickicht ein großer, schwerer Waschbär auf und stieß das zeternde Kampfgeschrei aus.

Wahki antwortete ebenso schrill und stellte sich dem Gegner. Eine Weile umkreisten sich die beiden mit allen nur möglichen Drohgebärden, dann stürzten sie gleichzeitig aufeinander los. Nun war Wahki zwar stark und kräftig, aber doch noch ein Jungtier und einem erfahrenen, älteren Gegner nicht gewachsen. Das Gesetz der Waschbären, das alles weise regelt, sagte ihm bald, dass dieser Kampf aussichtslos war. Er zog sich zurück und sein Gegner ließ sofort von ihm ab. Wahki durfte sich ungehindert davontrollen. Als er ins Dorf kam, verrieten nur ein paar blutige Kratzer, dass ein Kampf stattgefunden hatte.

Der Abend war ungewöhnlich lau. Alle Dorfbewohner hatten sich im Freien rund um die flackernden Feuer versammelt. Vor der Hütte am Waldrand saßen Schöner Weidenbaum und Schwarzvogel. Die Tragwiege für das Baby, das nun bald auf die Welt kommen würde, war schon fertig. Die Großmutter hatte, Segenswünsche murmelnd, Muscheln, getrocknete Beeren und weißgebleichte Knöchelchen aufgefädelt und am Kopfschild der Wiege befestigt – das sollte böse Geister abhalten. Von Zeit zu Zeit schüttelte Schöner Weidenbaum die Wiege und die Muscheln und Knöchelchen stießen mit leisem Klingen aneinander. Schwarzvogel griff jedes Mal zu sei-

ner Flöte und entlockte ihr ein paar fröhliche Töne,
die das Geklimper begleiteten.

Selbst Mongs Eltern waren an diesem schönen
Frühlingsabend friedlich, von der Nachbarhütte

tönte kein lautes, ärgerliches Wort herüber. Sching schlief neben Mong auf dem Boden.

Wahki kuschelte sich an Kleiner Wolf und gab zärtliche Laute von sich. Es war wie an vielen Abenden zuvor und doch spürte Kleiner Wolf, dass sich etwas verändert hatte. Während seine Hand über das dichte Fell glitt, fühlte er die Unruhe, die Wahki erfasst hatte. Kleiner Wolf wurde das Herz schwer. Er wusste nur zu gut, was die blutigen Kratzer bedeuteten, er wusste, dass die Zeit des Abschieds nahe war.

Diese ganze Nacht schlief Wahki in der Hütte, eng an Kleiner Wolf geschmiegt, als sei er noch immer der kleine, schutzbedürftige Waschbär. Als der Morgen graute, erwachte Kleiner Wolf. Ein buschiger Schwanz strich ihm übers Gesicht, Pfotenfinger zupften an seinem Haar. Komm! hieß das. Dann lief Wahki aus der Hütte. Kleiner Wolf stieg vorsichtig vom Lager, um Blaukehlchen nicht zu wecken, und folgte mit Schahka seinem Freund ins Freie.

Die Sterne am Himmel waren schon verblasst. Wahki lief zielstrebig das Ufer entlang. Kleiner Wolf und Schahka gingen hinter ihm her durch den stillen grauen Morgen. Beim Landeplatz trillerte Wahki auffordernd. Kleiner Wolf schob das Kanu ins Wasser, und nachdem Wahki und Schahka eingestiegen waren, kniete er im Heck nieder und ergriff das Paddel.

Der See war so still und grau wie der Morgen. Aus Schilf und Binsen stieg weißer Dunst hoch, zog langsam über die weite Seefläche und verwischte die Grenze zwischen Wasser und Luft. Im Röhricht regten sich halb verschlafen Enten und Gänse und am Ufer stimmten die ersten Vögel noch zaghaft ihr Morgenlied an.

Wahki hockte wie immer vorne im Bug, die Vorderpfoten auf den Kanurand gelegt. Kleiner Wolf horchte auf das leise Plätschern seines Paddels, das die Stille nicht störte, sondern zu verstärken schien. Ihm war, als ginge von Wahki eine geheime Botschaft aus, die ihm sagte, dass es die letzte gemeinsame Kanufahrt war.

Sie erreichten das Ende das Sees und bogen in den Fluss ein. Gelbe und blaue Frühlingsblumen tüpfelten das braunvergilbte Gras. Die Knospen der Büsche und Bäume waren hier und da schon aufgebrochen und das erste Blattgrün zeigte sich.

Plötzlich richtete Wahki sich auf, er neigte lauschend den Kopf und spitzte die Ohren. Kleiner Wolf ließ das Paddel sinken. Auf der Uferböschung, verborgen im Weidengestrüpp, in den Ranken und im toten Farn aus dem Vorjahr, zirpte und gurrte ein Waschbärenweibchen: Hier bin ich! Wo bist du? Ich warte auf dich! Komm zu mir!

Als der Bug des Kanus knirschend über Kiesel und Sand streifte, sprang Wahki ins seichte Wasser und lief an Land. Das Weibchen verstummte. Wahki hielt an, wandte sich um und schaute Kleiner Wolf und Schahka an. Es schien, als wollte er sie auffordern, mit ihm zu kommen, als könnte er sich nicht entschließen, sie zu verlassen.

Der lockende Singsang setzte wieder ein. Und

Wahki folgte dem Ruf, er folgte dem Gesetz der Waschbären und tauchte ins Unterholz ein.

Kleiner Wolf hörte es rascheln und tappen, er hörte, wie die zwei Stimmen sich vereinten. Einen Herzschlag lang sah er Wahki und das Weibchen nebeneinander durchs Weidengebüsch streifen. Dann waren es nur noch zwei Schatten, die im Dämmerlicht unter den Bäumen verschwanden.

Kleiner Wolf saß still im Kanu. Schahka legte ihm den Kopf in den Schoß.

Der Himmel im Osten wurde heller und heller. Ein Streifen Licht säumte die Wipfel der Bäume.

Kleiner Wolf nahm das Paddel, wendete das Kanu und fuhr den Fluss zurück. Dabei sang er. Er sang das Lied von dem kleinen Waschbären, den er vor dem Puma gerettet hatte, den er heimgetragen hatte in die Hütte. Er sang von den Tagen, die sie am Ahornsee verbracht hatten. Und während er sang, meinte er, noch einmal die gemeinsame schöne Zeit zu erleben, von jenem Tag an, als er Wahki zum ersten Mal im Höhlenloch des alten Ahorns gesehen hatte.

Als Kleiner Wolf den See erreichte, erhob sich die Sonne am östlichen Himmel. Unzählige Funken tanzten auf dem Wasser. See und Wald und Dorf lagen im Morgenlicht.

Kleiner Wolf trieb das Kanu mit schnellen Paddelschlägen voran, es flog über den See auf die Hütten am Ufer zu.

Das Volk der Ojibway
siedelte in den großen Wald- und Seengebieten im Osten
von Nordamerika. In ihrer eigenen Sprache nennen sie
sich „Anischinabe". Sie waren Jäger und Fischer und sam-
melten wilde Früchte. Jedes Dorf hatte aber auch kleine
Felder, auf denen die Ojibway Mais, Kürbis und Bohnen
zogen. Diese Geschichte erzählt, wie sie lebten, bevor die
„Weißen" in ihr Land eindrangen. Von ihrem einst riesi-
gen Gebiet sind den Ojibway nur noch einige Reservatio-
nen geblieben. Wie alle anderen Indianer versuchen sie
heute, ihre alte Kultur wieder neu zu beleben.